BACZKO · LAUSON · LINDNER · SCHEFFNER
HIPPEL · HAMANN

Königsberger um Kant

Herausgegeben
von
Joseph Kohnen

Nicolai

In Verbindung mit der Kommission zum Studium der deutschen Geschichte und Kultur im Osten an der Universität Bonn

Lektorat: Carolin Hilker-Siebenhaar, Katrin Wiethege
Umschlagbild: Emil Doerstling, Kant und
seine Tischgenossen, 1893/94
Satz: Mega-Satz-Service, Berlin
Druck und Bindung: Passavia GmbH, Passau

Printed in Germany
ISBN 3-87584-464-5

LUDWIG VON BACZKO

Versuch einer Geschichte und Beschreibung Königsbergs

Die um Königsberg liegende Gegend

Gleich vor den Thoren der Stadt ist die Gegend größtentheils unangenehm, und zwischen dem Steindammschen und Tragheimschen Thor beinahe öde. Vor dem Steindammschen Thor liegt der Hubendistrikt, welcher der Königsbergschen Kämmerei zu adlichen Rechten gehört. In diesem Distrikte liegen die vordern, mittlern und hintern Huben, ein adliches Bauerndorf von 29 Feuerstellen. Carlsruh, vormals der gelbe Krug, auf den Huben von drei Feuerstellen, wohin der gewöhnlichste Spatziergang aus Königsberg geht, hat an sich nichts angenehmes außer der Bequemlichkeit, daß man bei schlechter Witterung auf einem mit Brettern belegten Steige dahin geht, der aber nun fast ganz vermodert ist und bald gar nicht mehr gangbar seyn wird; und an dem Bache, welcher hinter Carlsruh liegt, sind einige kleine angenehme Plätze. Einige Bauernhöfe auf den Huben gehören Besitzern aus der Stadt. Herr Geheimerrath von Hippel hat sich hier ein kleines Landhaus und einen Garten im englischen Geschmack angelegt, der viel schönes, aber auch manche Gegenstände zu kleinlich darstellt und manches überladen enthielt. Nach seinem Tode, da schon manches verfallen war, wurde Kirchenrath Busolt Besitzer, der für die geschmackvolle Benutzung der glücklichen Lage, welche die Natur diesem Landsitze gab, bestmöglichst sorgt. Jetzt werden auch noch, besonders auf den Vorderhuben, verschiedene Anlagen zum Vergnügen und Sommeraufenthalt der Städter eingerichtet, worunter Conradshof die bedeutendste Anlage ist. Gleich linker Hand von den Huben wird die Gegend angenehmer. Einige Hügel, zwischen denen das Wasser im Frühlinge und Herbst abwechselnde Thäler ausgehöhlt, hin und wieder Gesträuch und denn endlich ein Paar beträchtliche Berge, die zum Theil nakkend, zum Theil mit kurzem Gesträuch besetzt und am Fuße derselben Wiesen, die sich bis an das Ufer des Pregels erstrekken, und jenseits desselben eine mannigfaltige Aussicht, dieses sind die Gegenstände, welche die neue Bleiche, ein Gasthaus, wozu nur zwei Feuerstellen gehören, zu einem angenehmen Spatzierorte machen; und die Kosse, ein einzelnes Gasthaus, wohin man auch aus dem holländischen Baum gelangt, hat mit derselben beinahe eine gleiche Lage. Es liegen ferner noch in diesem Hubendistrikt, der neuen Bleiche zur Rechten, der Rathshof oder Rathshubenhof, von 6 Feuerstellen und der Hammerkrug, welcher von einem ehemals daselbst gestandenen Hammer seinen Namen hat. Der neue Krug, eine Meile von Königsberg und das Wilkische Unterförsterhaus, sind wegen des benachbarten Waldes angenehm. Die beiden Gasthäuser, der Lauenkrug und die Legan, die altstädtsche Ziegelei und die Rothgärber-Walkmühle liegen ebenfalls noch in diesem Distrikt.

Eine Meile von Königsberg liegt das Dorf Juditten. Zur Zeit des deutschen Ordens wurde die Kirche daselbst erbaut, und häufig geschahen Wallfahrten zu einem Marienbilde, dem man wunderthätige Eigenschaften zuschrieb. Selbst nach der Reformation fanden sich noch Pilger aus Rom, und ließen sich von den lutherischen Geistlichen Zeugnisse geben, daß sie diese, ihnen zur Buße aufgelegte Wallfahrt vollendet hätten. Dieses Marienbild in mehr als menschlicher Größe mit dem Jesuskinde auf dem Arme, ist grob aus Holz geschnitzt und angestrichen. Es wird noch daselbst nebst einem Christus am Kreutze, der vorzüglich gut gearbeitet ist, aufbewahrt. Diese jetzt äußerst baufällige Kirche hat außer einigen andern Epitaphien, die des Feldmarschall von Röder und von Lehwald. Sie bestehen aus ihren, in Lebensgröße auf bleiernen Tafeln gemahlten Bildnissen. Auf den vergoldeten Rahmen derselben sind die Stammbäume aus Holz geschnitzt und mit den gehörigen Farben illuminirt, und an den beiden Seiten der Rahmen sind Armaturen aus Holz geschnitzt und ächt vergoldet. Beide Feldmarschalle hatten eine Gemahlin, die ihnen dieses Denkmal errichtete. Feldmarschall von Röder war geboren 1665 den 26. Julius, und starb den 26. October 1743. Feldmarschall von Lehwald war geboren im Jahr 1685, und starb den 16. November 1768; und beide hatten sich in den Kriegsdiensten dreier preussischer Monarchen verschiedentlich ausgezeichnet. Die Bildnisse, vorzüglich des Feldmarschall von Lehwald, verdienen die Aufmerksamkeit des Kunstverständigen. Sie sind beide vom Mahler Knopke, einem Manne, der für seine Kunst viel hätte werden können. Viele seiner Arbeiten, vorzüglich Landschaften, je nachdem er sie in der Manier irgend eines berühmten Mahlers verfertigte, werden hier nicht selten als Werke großer italienischer oder niederländischer Maler aufgewiesen und verkauft. Man verzeihe mir diese Erinnerung an einen Mann, der das Schicksal der besten Köpfe Preussens hatte. Er wurde verkannt, vernachlässigt und vernachlässigte sich am Ende selbst. Wäre er ein Ausländer, mit halb so viel Anlage für seine Kunst, und hinreichend unverschämt gewesen, seines Ruhmes wäre hier kein Ende.

Mehr Vorzüge hat Juditten durch seine reizende Aussicht. Man erblickt, besonders vom Kirchhofe, eine herrliche Landschaft, den Pregel, Hollstein und das frische Haf, und jenseit des Pregels sieht man in Natangen einige Meilen weit, bis in die Gegend von Preusch-Eilau. Dieser schönen Aussicht wegen haben längst dem Walde neben dem Kirchhofe einige begüterte Einwohner Königsbergs niedliche Landhäuser erbaut, die von der

Pillauischen Landstraße her den Prospect sehr beleben. Beinahe die nämliche, aber nicht so weite Aussicht genießt Spittelhof, welches etwas tiefer liegt, und in letzterem besitzt der Kaufmann Pohl einen angenehmen Garten und ein Höfchen. Seitwärts, Juditten zur Rechten, liegt das Dorf Metgehten, dem Herrn Geheimenrath von Gossow gehörig, mit einer Mühle und 18 Feuerstellen. Das ansehnliche Wohngebäude fällt besonders von weitem gut ins Auge; man genießt aus demselben eine gute Aussicht, und der vormalige Besitzer Herr Graf Buttler hatte darin eine katholische Kapelle errichtet. Die Gegend hat einige gute Spaziergänge, vorzüglich den von Metgehten nach Hollstein. Das Forstamt Moditten ist durch die daselbst gehaltene Elendsjagden bekannt, und in einer kleinen Entfernung vom Forsthause hat man über den Pregel eine herrliche Aussicht. In diesen Gegenden und in einer etwas weitern Entfernung von Königsberg, sind noch verschiedene Oerter aus der Geschichte des deutschen Ordens berühmt. Medenau, wo der böhmische König Ottokar im Jahr 1255 die heidnischen Preussen besiegte. Die Vierbrüdersäule, die vor Kurzem erneuert worden. Sie bestehet aus einem Pfahl mit vier Armen, auf denen sich männliche gebärtete Köpfe befinden; in der Mitte ist eine Art von Knopf, welcher eine Schüssel vorstellen soll. Sie ist auf der Stelle errichtet, wo nach der wahrscheinlichsten Muthmaßung vier Brüder und berühmte Kriegsleute des deutschen Ordens, die von einer Streiferei aus Litthauen zurückkehrten und sich hier bereits sicher hielten, von nachsetzenden Feinden erschlagen wurden. Neben dieser Säule liegt der Vierbrüderkrug, in der Kapornschen Heide. Ohnweit demselben, auf einer Anhöhe lag das Schloß Connoweit oder Connoweidit, welches dem deutschen Orden gegen die Einfälle der Litthauer diente; und selbst, wenn das kurische Haf zugefroren war, die Einfälle ins feindliche Gebieth begünstigte. Mit geringer Mühe werden auf dem Berge, wo es stand, allerlei Alterthümer aufgegraben.

Der Heidekrug liegt in einer der reizendsten Gegenden, die noch vorzüglicher seyn würde, wenn der Boden minder sandigt wäre. Ohnweit dem Dorfe ist ein angenehmer Fichtenwald, der sich gegen das Haf zu in Form eines Zirkelschnitts krümmt, und nach dem Maaße, wie sich hier von der einen Seite der Gesichtskreis verenget, erweitert er sich auf der andern über das frische Haf; und ganz zur linken Hand erblickt man neben demselben Brandenburg und Haberstroh in der Ferne.

Dinge, die besonders Fremden zu wissen nöthig oder nützlich sind

Wenn ein Fremder nach Preussen oder Königsberg kömmt, so thut er am besten, ein genaues Verzeichniß aller Sachen, die er bei sich führt, anzuzeigen. Man wird von den Dingen, welche einzubringen erlaubt sind, alsdenn die Abgabe fordern, und die Contrebande, für deren Confiskation er alsdenn gesichert ist, wird entweder bis zu seiner Abreise versiegelt, oder ihm wird angezeigt, daß er solche ausserhalb Landes schaffen müsse. Vor allen Dingen hat ein Fremder sich vor ungestempelten Spielcharten zu hüten, deren Einfuhr, selbst wenn sie gebraucht sind, bei hundert Thaler Strafe verboten ist. Ein Fremder, der mit eignen Pferden kömmt und wenig Sachen führt, kann gleich am Thor visitirt werden; führt er viel Gepäcke und kömmt er mit Extrapost, so wird sein Gepäcke auf dem Postpackhause untersucht, wohin auch das Gepäcke aller derjenigen gebracht wird, die mit der ordinairen Post ankommen. Diejenigen, welche zu Wasser ankommen, lassen ihre Koffers und Päcke auf dem Lizentpackhofe untersuchen.

Unsere Gasthöfe werden in drei Classen eingetheilt; davon gehören 7 zur ersten, 12 zur zweiten und 65, welches die ordinären Krüge sind, zur dritten Classe.

Es giebt hier viele Speisehäuser, worin das Mittagsessen monatlich höchstens mit 10, wenigstens mit 3 Rthlr. und der Abendtisch verhältnißmäßig bezahlt wird. Die Weinhäuser, worin man auch größtentheils Speisen zu Frühstück und Abend bekommt, zeichnen sich durch den ausgehängten Kranz, Kuchenbäcker, die beständig Gebackenes und Erfrischungen feil haben, durch einen besondern Schild aus. Die hier befindlichen Billards und Coffeehäuser sind im Adreßkalender verzeichnet. Unter dem Namen der Gastwirthschaften, Coffee- und Bierhäuser sind, was in einer Handelsstadt wie Königsberg nicht fehlen kann, die Bordelle versteckt, die sich seit einigen Jahren sehr vermehren. Förmlich privilegirt oder so wie in Berlin eingerichtet sind sie nicht; denn noch ist man hier uneinig, ob nicht vielleicht die Moralität, freilich nicht aus der reinsten Quelle, aber dennoch durch die Furcht vor der Gefahr der Ansteckung gewinne.

Gleich nach der Ankunft im Gasthofe muß der Fremde, so wie am Thor, seinen Namen, Stand, den Ort, von welchem er kömmt, und den, wohin er geht, und die Dauer seines hiesigen Aufenthalts anzeigen. Zu seiner weitern Reise von Königsberg dienen zum Theil die Fuhrleute, und wenn der Reisende sich derselben bedient; so ist er verpflichtet von jeder Meile einen Achthalber (zwei gute Groschen) an das Hofpostamt zu zahlen. Reisende, die nach Curland oder Liefland gehen, bedienen sich hiezu gewöhnlich theils der Russen, welche hier in Handlungsgeschäften angekommen sind und Reisende oft für einen geringen Preis mitnehmen, oder der Rigaschen Fuhrleute, weil keine fahrende Post weiter als bis Memel geht. Zur Reise nach Memel bedient man sich gewöhnlich der schaackenschen Kähne. Die Besitzer derselben, schaffen die Reisenden bis Schaacken, und von da zu Wasser bis Memel. Courierpferde werden nur mit Erlaubniß des Gouvernements ertheilt, und dafür, so wie für Estafetten, vierzehn gute Groschen für die Meile oder 1 Gulden 22 1/2 Groschen preuß. bezahlt; für ein Extrapostpferd zahlt man die Meile 10 gute Groschen oder 1 fl. 7 1/2 gr. preuß. dem Postillion für die Meile drei gute Groschen (12 gr. pr.) und dem Posthalter, wenn er eine Postkalesche giebt, für die Station sechs gute Groschen (22 1/2 gr. pr.).

Von den ordinairen Posten bedienen sich die, welche auf den großen Straßen gehen, bedeckter, und die nach den kleinen Städten gehen, offener Wagen; und sämtliche Posten gehen in folgender Ordnung von hier ab.

Abgehende Posten.		Ankommende Posten.
Fahrende. Sonntag und Mittwoch Abends um 6 Uhr. Reitende. Montag und Donnerstag Vormitt. um 9 Uhr.	Nach und von Braunsberg, Elbing, Marienburg, Danzig, durch Hinterpommern, über Stargard nach Berlin, imgleichen nach Stettin und Mecklenburg, mit Briefen nach Marienwerder, Thorn, Posen, Lissa und ganz Südpreussen.	Fahrende. Montag und Freitag Morgens. Reitende. Mittwoch u. Sonnabend Morgens.
Fahrende. Montag und Donnerstag Abends um 7 Uhr. Reitende. Dienstag und Freitag.	Nach und von Braunsberg, Pr. Holland, Riesenburg, Marienwerder, Graudenz, Culm (von da nach Thorn und Südpreussen), Bremberg, Driesen, Landsberg, Cüstrin, Berlin etc. desgl. nach Schlesien. Mit Briefe nach Elbing, ganz Westpreussen und dem Netzdistrikt, Wien, Lübeck, Hamburg, ganz Deutschland, Holland, Frankreich und Italien etc.	Fahrende. Montag und Freitag Vormittag. Reitende. Mittwoch u. Sonnabend Abends.

Abgehende Posten.		Ankommende Posten.
Fahrende. Dienstag u. Sonnabend Nachmitt. um 5 Uhr.	Nach und von Fischhausen nach Pillau.	Fahrende. Montag und Donnerstag Morgens.
Fahrende. Mittw. und Sonnabend Nachmittags um 3 Uhr. Reitende. Mittw. und Sonnabend Abends um 8 Uhr.	Nach und von Creutzburg, Pr. Eylau, (Zinten, Landsberg, Friedland), Bartenstein, Heilsberg, Guttstadt, Allenstein, Hohenstein, Neidenburg, Pultusk, nach Warschau und Krakau, imgl. Plock, auch über Rastenburg, Rhein, Arys, Lyck, Tykoczin, nach Byalystok, und von da über Sokolka nach Grodno.	Fahrende. Montag und Freitag Morgens. Reitende. Mittw. und Sonnabend Abends.
Fahrende. Mittw. und Sonnabend Nachmittags um 3 Uhr. Reitende. Mittw. und Sonnab. Abends um 8 Uhr.	Nach und von Tapiau (Labiau), Wehlau, Insterburg und Tilsit, nach Memel, imgleichen Gumbinnen und Stalluböhnen, bis Wirballen.	Fahrende. Sonntag und Donnerstag Vormittags. Reitende. Montag und Freit. Morgens.
Reitende. Mittw. und Sonnabend Nachmitt. um 4 Uhr.	Nach und von Mülsen, Memel, mit Briefen nach Curland, Liefland und dem ganzen russischen Reiche.	Reitende. Sonntag und Mittwoch Abends.

Fremde, die beträchtliche Summen auswärtiger Münzsorten umsetzen wollen, thun am besten, wenn sie sich hiezu der Mäckler bedienen; und wenn sie hier häufige Besuche abzulegen haben, so kann ihnen hiebei der Adreßkalender einige

Dienste leisten, welcher alle vier Jahre gedruckt wird, und bei dem akademischen Factor Herrn Kanter, an der Schmiedegassen Ecke, zu haben ist. Herr Buchdrucker Degen läßt gewöhnlich ein Taschenbuch drucken, worin die hiesigen Kaufleute in alphabetischer Ordnung, ihre Wohnungen und die Handlungszweige, womit sie sich beschäftigen, angezeigt sind. Vereidete Lohnbediente werden von dem Wirthe jedes Gasthofes dem Fremden, der es fordert, verschafft. Wer Gesinde miethen will, kann solches am sichersten durch die Gesindemäckler erhalten. Die Namen der Aerzte und Wundärzte sind im Adreßkalender verzeichnet. – Von Wohnungen, die zu vermiethen sind, von Sachen, die zum Verkauf angeboten werden u. d. m. giebt das Intelligenzblatt Nachricht, und durch dasselbe, so wie durch die beiden Zeitungen, welche beide wöchentlich zweimal herauskommen, können diejenigen Dinge, welche zur Wissenschaft des Publikums gelangen sollen, bekannt gemacht werden. Von den Maurerlogen liegt die zu den drei Kronen am Licent, die zum Todtenkopf und Phönix auf dem Tragheim. Von den Buchhandlungen liegt die der Herren Göbbels und Unzer im ehemaligen Löbenichtschen Rathhause, worin sich auch die Hartungsche Hofbuchdruckerei befindet. Die Buchhandlung des Herrn Nikolovius ist in der Junkergasse, die Wohnung des akademischen Factors Herrn Kanter und die Kantersche Hofbuchdruckerei sind in der Altstadt, die des Herrn Degen im Kneiphofe, und die des Herrn Heering auf dem Anger. Die Leihbibliothecken des Herrn Dr. Schleyer und Herrn Cerf in der französischen Straße und die des Herrn Dr. Seligo in der Straße unter dem Berge. Die Medizinapotheken sind durch den darüber befindlichen Adler kenntlich. Die mehresten Detailhandlungen in Wolle, Seide und Baumwolle sind in der Altstadt, einige im Kneiphofe, die mehresten Galanterie- und Putzhandlungen in der Nachbarschaft des Schlosses.

Oeffentliche Lustbarkeiten sind hier nach den Jahreszeiten verschieden. Wir haben jetzt ein stehendes Theater der Geschwister Schuch unter Direction des Herrn Steinberg. In dem Schauspielhause werden auch gewöhnlich die Redouten gegeben. Durchreisende Virtuosen lassen sich in diesem Schauspielhause, häufiger auf dem kneiphöfschen Junkerhofe hören, auf dem auch Herr Riel mit Zuziehung eines von ihm gebildeten Singinstituts einige Concerte giebt. Der Adel hält gewöhnlich Sonntag seine Assemblees und hat auch besondere Bälle. Die Offizianten haben auch bisweilen besondere Bälle, welche aber auch von vielen Adlichen und von vielen aus der Kaufmannschaft besucht werden; auch giebt die Kaufmannschaft Bälle. Von den hier Studierenden werden besondere Bälle, und im Sommer auch einige Liebhaberconcerte in einem besonders gemietheten Garten gegeben. In einigen öffentlichen Gärten und in nahe vor dem Thor liegenden Orten werden im Sommer Concerte, an letztern zuweilen auch Feuerwerke für einen geringen Beitrag gegeben. Im deutschen Hause werden zuweilen Pikniks, auch von Personen, die hiezu in ihrem Hause nicht Platz haben, Festlichkeiten ausgerichtet.

Ausser den Miethkutschen bedient man sich hier häufig im Winter der Schlitten, die auf dem Schloßplatze oder dem Eise des Pregels halten, und mit denen man sich gewöhnlich vor der Fahrt wegen des Preises einigt, welcher verhältnißmäßig billig ist. Allein bei den engen Straßen ist den Fremden, welche sich dieser Schlitten bedienen, vorzüglich Behutsamkeit zu empfehlen; und eben diese enge Straßen machen beim Ausgange aus dem Schauspielhause, dem Junkerhofe und andern Orten, wo öffentliche Lustbarkeiten gehalten werden, dem Fremden, der damit noch unbekannt ist, ungeachtet guter Polizeivorkehrungen, viel Behutsamkeit nothwendig.

JOHANN GOTTHELF LINDNER

Sendschreiben an den HochEdlen Herrn Herrn J. C. Behrens aus Liefland der Rechte und schönen Wißenschafften Beflißenen beÿ seiner Abreise von Coenigsberg

HochEdler Herr, mein sehr wehrter Freund
Nunmehr habe ich fast Recht zu befürchten, daß mir Königsberg ziemlich gleichgültig vorkom̄en werde, da ich nach und nach alles das was mir es angenehm gemacht, verliehren muß. Ich überlege jetzt beÿ dem Verlust, den ich leÿden werde, die Zuneigung, womit Ewr. HochEdlen mir begegnet, und wie neu mir noch das Vergnügen seÿ, Sie als einen Freund geliebt zu haben, den nicht ein lauer älternder Umgang, sondern sein ädler Charakter selbst mir geschenkt, aus dem überhaupt der Witz, die Artigkeit und das gute Hertz den liebenswürdigsten Gesellschaffter bilden. Hätte ich gleich nicht die Reize womit der Him̄el Sie vor vielen Jünglingen bezeichnet, so bemühte ich mich zum wenigsten in mir ein Hertz zu fühlen, das sich einer zärtlichen Freundschafft nie unwürdig machen solte. Mein Brief der Sie aus unserer Stadt begleitet, ist eine geringe Würckung der angenehmen Empfindungen mit denen ich Ihrem schönen Geiste und Ihren Höflichkeiten entgegen wallte. Dafür empfinde ich jetzt eine Gedanckenreiche Schwermuth wenn ich mir mein Herr Ihre Abreise vorstelle.

Durch was für Örter wird mein Freund nicht reisen
Was wird er nicht für Seltenheiten sehn,
Berlin wird sich in seiner Jugend weisen /
Und allen öden Winter von sich wehn

Da wird er ihn beÿ Hof und Pracht
Den großen König nah in seiner Sphaere mercken
Wie voll von Huld und Königlichen Wercken
Die Oper zaubert melpomene lacht
Und Witz und Kunst und Lust durch ihn erwacht
Den schönen Gellert wird er selbst in Leipzig preisen
Und Goettingen zeigt ihm liebäuglend ohne Neid
Den Schwunck der dortigen Gelehrsamkeit
Die ewgen Dichter und die schöpferischen Weisen
O könnt ich auch so reisen
Jedoch zu stäubichten Pedanten
Zu den scheinheilgen Unbekannten
Zu Gauckelhafften Herrenhütern
Zu scharfen und zu spröden Müttern
Da lohnt es sich nicht hinzureisen
Da wird mein Freund nicht reisen

Urtheilen Sie ob es mir an Bildern fehle und ob mich nicht hiebeÿ eine gewiße unbillige Neubegierde überschleiche. Was hilfft es aber wenn auch meine Gedancken mit Ihnen fortflatterten, sie halten die starke Reise nicht aus und bleiben in der Lufft

Und bleib weit weit hinter Ihnen
In Königsberg und kämpf mit meinem Schicksal
Hör Narren schreÿn und brave Männer lachen
Den ächten Witz und tumes Händeklatschen
Und in dem Kreis von Jugendlichen Freunden
Gedencken wir an den geliebten Behrens /
An seine aufgeweckte Scherze
An seine stille Artigkeiten
Und unpedantisches Studiren
Und feinen Witz und feine Sitten
An seine leichte sanffte Züge
Die eingekehrt was über Dencken

Sich schnell entschatten und es treffen
Wie in dem dunckeln Blau der Nächte
Die feinsten Sterne Stralen schießen
So seh ich ihn noch im Gemälde
Beÿ seinem ädlen Wirthe
Mir wie in andern Him̄eln leuchten
Und sehe ihm fliehend in Gedancken
Mit Küßen nach bis in die beßre Ferne

Ich hoffe indeßen daß Ewr. HochEdl. dennoch einen guten Begrif von Königsberg mitnehmen werden, wenn Sie gleich lebhaftere Academien zu sehen bekom̄en. Die Schäferinnen, welche ihre Liebhaber glücklich machen, pflegen wie die Dichter es erzählen, sich noch im̄er der vergnügten Einsamkeit zu erinnern, da sie ohne ihren Freund die Schafe zum Bach geführet, und die Kräuter in ihre Haußhaltung gesam̄let. Wenn Sie nun auch in größere Felder kom̄en, wo Lebens Art, Künste und Freÿheit zu dencken verändert erscheinen, so erinnern Sie sich zuweilen, daß Sie auch in Königsberg welches zwar mehr nordisches an sich hat, ohne so viel Welt, doch auch Ihr Vergnügen angetroffen haben. Gehen Sie mit einiger Gewogenheit für die Schule weg, da man sehr dienstfertig gewesen Ihnen die Elementen der Wißenschaff-/ten beÿzubringen. Ihr feiner Geschmack hat unsere Hohe Schule geprüft, aber Ihre Bescheidenheit hat sich nie zu weit ausgelaßen. Ich darf es Ihnen nicht melden daß wir beÿ uns Gothen in der Philosophie oder trockne Weltweisen, magere Historienschreiber, spielende Redner, viele Freÿbeuter in allen Künsten, eine Menge von kleinen Geistern und Pedanten, ungetauffte Poeten und wenige gültige Kunstrichter haben. Der Geschmack ist altväterisch, hüficht und unrein. Dennoch halten die Gelehrten ihre unnatürliche Schönheiten so hoch, wie die Schweitzer ihre Kröpfe. Sie wißen, daß hie wenig für den gesunden Witz, für eine aufgeräumte freÿe Philosophie, und

für die schönen Wißenschafften zu thun seÿ. Man druckt beÿ uns wenig vorzügliche Bücher und große Wercke, wir steigen selten über das mittelmäßige, und wenn ein elendes Zeug hervorkom̄t, so ist es ein Meisterstück in seiner Art. Ich weiß aber auch mit vieler Beruhigung, daß Sie Lehrer beÿ uns gekannt, die ihre gründliche Einsichten, ihre eigene Erfindungen und, ein angenehmer leichter Vortrag ohne Frost und Schwulst beliebt und schätzbar machen. Glauben Sie daß es ofne Köpfe und wackere Leute gebe, die offt wie zu Martials Zeiten die Ovide und Virgili in Regenröcken gehn und den Pächtern des Beÿfals aufwarten müßen. Ich werde mir offt die Stunden zurückruffen, da ich Sie zum Zuhörer gehabt, aus dem ich mir zugleich einen Richter machte, / der meinen Vortrag schmecken und beurtheilen konte. Manche haben es nicht gewust, daß Sie so genau den Unterschied empfinden und mit einer trockenen Mine mit wenig Worten das Lob oder den Tadel eines Lehrers erschöpfen könnten. Sie haben nicht unrecht gehabt, aber Sie sind doch ein böser critischer Zuhörer gewesen. Noch eines MHE Sie sehen daß ich für Königsberg eingenom̄en bin, wenn ich gleich aus dem Babne des HEn von Voltaire dencke:
Si tout n'est pas bien tout est passable
Ich kan Sie ohne Zurückhaltung fragen, wie hat Ihnen das Königsbergische Frauenzim̄er gefallen? haben wir nicht schöne Kinder, die vollkom̄en, wohl angelegt, artig und lebhafft sind? Sie sind viel zu höflich dies zu leugnen. Empfehlen Sie also unsere Schönen den Fremden und versehen Sie sich mit einigen aufgeweckten Erzählungen, um jenen zuweilen die Abende scherzend zu vertreiben und beÿ ihrer Neugirigkeit manches zu gewinnen. Wünschen Sie den unsrigen etwas mehr Ungezwungenheit und Freÿheit, etwas weniger Stoltz und Unbiegsamkeit, und für den galanten Umgang mit beÿden Geschlechtern ofnere Gesellschafften. Lernen Sie

ungebunden andre Welten vom Frauenzim̄er kennen, deren Gestalten und Sitten Sie so mannigfaltig finden werden. Was für ein schönes Tagebuch kan ein galanter Mensch damit anfüllen! Allein ich wünsche mir nur ihre Charactere von ihnen zu hören. Sie drucken sich so fein und richtig aus, als andere mühsam schreiben. Die gute Natur, welche Ihnen einen besondern Reichthum von Zärtlichkeit, eine lächlelnde Schwermuth eine fertige Urtheils Krafft, kurtz eine schöne Seite dem Verstande und dem Hertzen gegeben, wird für Sie einmal glücklich / diejenige wählen, der Sie Ihr Hertz überliefern können. Reisen Sie denn glücklich mein wehrter Freund und hinterlaßen Sie meinem Gedächtnüß in Ihrer Person das Bild eines galanten liebenswürdigen Jünglings, wie ich es zu sehen gewünschet habe. Sie verdienen diesen Nahmen in der ädelsten Bedeutung. Denn er köm̄t nur dem zu, der wie Sie ein glücklich Naturell hat, die schönen Wißenschafftten, ohne sie sich zu vereckeln treibet, in seiner Aufführung, in seinen Briefen und selbst in der Kleidung den guten Geschmack zu erkennen giebt, nichts niederträchtiges in Gesellschafften, nichts wildes in seinen Vergnügungen und nichts finsteres in seiner Moral verräth. Seine Tugend ist gefällig, angenehm, und doch so zärtlich, daß ihre Freÿheit niemals Ihrer Mäßigung nachtheilig seÿn wird. In diesen Zügen werden Ewr. HochEdlen allenthalben gefallen, die Hochachtung, der Wehrt für Sie und die Liebe werden Ihnen zuvorkom̄en und Ihnen Freunde machen, die Ihnen anständig sind. Ihr guter Nahme bleibe Ihre Landsmannsschafft die Königsberg noch liebet, eigen, und sie liefern uns mehr dergleichen schöne Jünglinge unter denen schon manche in Artigkeit Fleiß und Wohlgezogenheit unsere Mutter Kindern den Vorzug und den Credit beÿ dem Frauenzim̄er strittig gemacht. Kom̄en Sie künftig mit neuer anmuthiger Gelehrsamkeit mit vergnügten Nachrichten zurück und genießen Sie die Frucht Ihrer Auf-

führung und Ihres Fleißes in Ihrem Vaterlande die der Him̄el einem so polirten Gegenstand nicht entziehen wird.
Reisen Sie glücklich und nehmen Sie noch diese scherzhafften Wünsche mit:

Ihr kleinen streitbaren Silphiden
Ihr Engel schöner Mannspersonen
Begleitet ihn mit gantzen Heeren /
Mit langen miltonschen Heeren
Und laßt ihn sanfft verschlafen
Des Fuhrmanns wüste Flüche
Der Pferde muthig Rennen
Behütet ihn für Oberpfälzer
Damit er nicht wie G... Klage
Und last ihn davon träumen
Wie er uns lieb gewesen
Weckt ihn beÿ großen muntern Städten
Und schafft daselbst ihm tausend Freunde

Ich empfehle mich Dero schätzbaren Freundschafft leben Sie wohl und versichern Sie sich daß ich mit einer zärtlichen Hochachtung beständig seÿn werde.

Ewr. HochEdlen

Königsberg — ergebenster Diener
den 25. Decbr 1750. — M. Lindner

Vorrede. Von den Schicksalen der deutschen Poesie, und ihrem heutigen Geschmacke

Der Herr Verfasser dieser Gedichte hat mich befragt, ob ich den zweyten Theil seiner Gedichte mit einer Vorrede begleiten wollte, und ich habe mich zu einer freundschaftlichen Gefälligkeit verstanden, die mir Gelegenheit verschafte, einige Gedanken über die Ursachen des jetzigen Geschmacks und des Wachsthums der deutschen Poesie aufzusetzen, und sie in einem kurzen Entwurf einer Geschichte der Dichtkunst durchzuführen. Mir fehlen Zeit und Belesenheit, Listen von Dichtern zu machen; oder Lebensläufe aus einem gelehrten Lexicon trocken abzuschreiben. Ich halt es auch für zu leicht, halbe Seiten mit Versen zu füllen, die nur ein Deutscher aus dem neunten oder zehnten Jahrhunderte würde haben recht aussprechen können, oder deren man zuweilen lieber entbehren möchte. Man erlaube mir etwas mehr zu philosophiren, als einen Historiker vorzustellen.

Der Ursprung der Poesie ist nicht so schwer zu gedenken, es gehöret nur eine kleine günstige Einbildung der ersten Zeiten dazu; so werden wir das Dichten in dem Naturell einiger muntern und glücklichen Geister, den Geschmack aber daran in dem Herzen aller Menschen gewurzelt finden. Es kömmt mir immer verdächtig vor, wenn man sich die erste Welt gar zu einträchtig, weise und patriarchalisch gedenket. Die Einfalt der Sitten schicket sich besser zu eingeschränkten Kenntnissen, als zu großen Erfindungen, und diejenige welche sich in den ersten Jahrhunderten tiefsinnige Gelehrte oder weitläuftige Akademien einbilden, sind so verwegen, als der Verfasser des Nimrods, der ihm schon den Besitz des Kopernikanischen Weltbaues zuschreibet, und dessen Babel Paris ähnlich siehet; oder zum wenigsten verdienen sie den Tadel, welchen Virgil darüber leiden müssen, daß seine Schäfer oft zu gelehrt redeten. Eben so bin ich geneigt zu glauben, daß die Bodmerische Vorstellungen der Unschuld und der Einsichten der ersten Welt mehr ein dichterisches als ein historisches Wahre zur Stütze haben. Aber auf der andern Seite fürchte ich mich den Begriffen der Religion und der Menschlichkeit zu nahe zu treten, wenn ich mir den Menschen bey seinem ersten Auftritt, nach dem Horatz, als ein häßliches stummes Vieh abmahlen sollte. Diese Wildheit läßt sich, ohne eine gewisse Widrigkeit, so wenig wie der Hobbesische Zustand der Welt, nicht denken. Ein Kind ist bey seiner Geburt elend, unbehülflich und einfältig, aber es beißt doch nicht um sich. Ich bilde mir ein, daß die Welt vor der Sündfluth in den letzten Jahren ihres Daseyns zum wenigsten eben so lebhaft ausgesehen haben muß, als sechszehn Jahrhunderte hernach. London ist groß und voll Menschen; es hat daher viele Künstler und auch viele Betrüger, brave Leute und Schelme, große und kleine Geister. Wir können die Menschen nie nach einer Seite allein betrachten; er ist immer voller Klugheiten und voller Thorheiten, immer ein Geschöpf zugleich von den feinsten Anlagen, und den verkehrtesten Trieben, von der künstlichsten aber auch gefährlichsten Bildung. Er hält das Mittel zwischen dem Engel und dem Vieh; laßt uns auch in unsern Meynungen von ihm die Mittelstraße nehmen. Der hohe Verfasser des Discurses über die Gründe: Gesetze abzuschaffen oder einzuführen, sagt zum Schluß: Sich einbilden, daß die Menschen alle zusammen Teufel wären, das ist das Gesicht eines wilden Misantropen; glauben, daß sie alle Engel sind, das heist wie ein schwachköpfichter Kapuciner träumen u. s. f.

Diese kleine Ausschweifung wird uns dienen können, von der ersten Welt und dem Ursprung der ersten Künste uns einen Begrif zu machen, der weder das Alterthum abentheuerlich vergrößere, noch durch die Entfernung verliere. Die Menschen theilten sich kaum in Familien; so war eine Baukunst unter ihnen erfunden. Welche Hütten waren dies nicht gegen unsere Palläste? Aber genug! man bauete schon. Die Künste, welche den Nothwendigkeiten des Lebens abhalfen; wenn man solchen den Namen der Künste nicht wie Batteux absprechen will, sind zuerst durch die Natur selbst bewirkt worden. Sobald die Menschen von ihren Aeckern sich speisen und mit der Milch ihrer Heerden sich tränken konnten; so bald der Ueberfluß, die Ruhe und ein unschuldiger Müßiggang nach der Arbeit die Lebensgeister der Freude, wenn ich so sagen soll, in Wallung brachte: sobald musten die Zeichen und Ausbrüche der Freude die Mütter von den Künsten des Vergnügens werden. Man jauchzte, man frolockte, kurz man sang. Es ist nichts natürlicher als dieses bey Leuten, die ihre Freude gleichsam in die Luft schicken, und durch Töne stärker ausdrücken wollten, wozu ihnen die Worte zu einfach und zu sparsam vorkamen. Ich will es zugeben, daß der Gesang der Vögel die Menschen zum Singen gelocket, allein setzet einen Tiefsinnigen oder einen Misantropen mitten in eine Hecke von Nachtigallen und Kanarienvögeln: ihr helles Anschlagen, ihre Töne des Vergnügens, das auch diese kleine Geschöpfe empfinden, wird ihn nur noch verdrüßlicher machen, weil es ihn stöhret, seinen finstern Gedanken nachzuhängen. Man schlüße hieraus, daß die Freude, zum wenigsten eine innere Zufriedenheit oder eine andre Leidenschaft nöthig dazu gewesen, das Herz der Menschen durch die Reitzungen der Natur, z. E. durch die Musick der Vögel zu rühren. Diese Leidenschaften können sich gerade entgegengesetzt seyn; aber nie müssen sie zu weit gehen. Ich will dies erläutern. Die Traurigkeit und die Freude, der Tag und die Nacht der Seele, sind zwo verschiedne Empfindungen, zwo verschiedne Dekorationen derselben. Indessen gehet der freudige und in sich vergnügte Dichter, z.E. ein frommer Brocks, in die Büsche, den Gesang der Vögel und ihre süße Harmonien in sich zu ziehen. Der betrübte Milton vergleicht sich in seiner Blindheit der Nachtigall, die um Mitternacht im finstern Haine singet, und die traurigen Dichter hören in ihrer Schwermuth die Klagen der Nachtigallen oder der Turteltauben um ihren verlornen Gatten, und die Einsamen das Geschrey der Eulen oder der Rohrdommeln in der Wüsten.[1] Allein beydes muß nicht übertrieben seyn. Wer in seiner Freude unmäßig, und in seiner Traurigkeit zu tief versunken ist, den rühret entweder nichts und er ist versteinert; oder ihn rühret alles. Ein Sperling ist ihm so gut als eine Nachtigall, und er taumelt in Ausschweifungen. Dies ist die Natur des Menschen, und man kan nach diesen Bemerkungen die Dichter prüfen, wenn sie dieselbe getreulich nachgeahmet und getroffen.

Wir haben mit diesem zweyten Umschweife, den der Leser uns verzeihen wird, weil er nach und nach zu den Hauptgedanken führet, so viel sagen wollen, daß die Musick die erste Kunst sey, zu der Leidenschaften überhaupt, und die Freude insbesondere die erste Reitzbarkeit verliehen, und daß der Gesang der Vögel nur bey denjenigen Eindruck gemacht, die durch jene gleichsam feinere Ohren bekommen hatten. Man strengte also durch Vergnügungen des Lebens entzückt seine Kehle an, stimmte gewisse Töne, und machte Melodien. Allein hiemit kam man nicht einmal so weit, als die Vögel, deren Kehlen verschiedne unnachahmliche Töne hervorbringen, bald zwitschern, bald gurgeln, und die künstlichste Abändrungen machen konnten. Der Mensch besann sich aber bald auf den Vorzug, den er vor allen Sängern in der Luft hätte. Was ihm die Sprache allein nicht zureichend geben konnte, das verband er mit der Melodie. Er druckte die Töne in und mit Wörtern aus, und so entstand ein artickulirter Gesang oder eine redende Musick. Dies war die Poesie; und so natürlich aber auch einfach sehen ihre ersten Bemühungen und die ersten Proben aus, die uns eine Kunst liefert, welche die Natur selbst hat entspringen heißen, und die hernach so viel Auszierung und Schwung erhalten. Man entdecket zugleich das schwesterliche Band zwischen der Musick und der Dichtkunst, wie diese jene erwecket habe, und die ersten Gedichte Lieder gewesen. Da die Poesie die Freude sowohl auszudrücken gewagt hatte; so fand man bald in ihrer Natur den Geist, der die Leidenschaften auf eine besonders lebhafte Art abmahlen könnte. Die Bewunderung redte in ihr mit einer erhabeneren Sprache, und erblickte die Dinge vergrößert. Die Traurigkeit bemerkte, daß die dichterische Klagen noch tiefer eindrängen. Die Liebe endlich, die beyde Leidenschaften in sich faßt und wechselsweise auftreten läßt, konnte keine Ausdrücke finden, die ihr sanftes oder ungestümes Wesen einnehmender ausbilden, und machen könnten, daß diese Empfindungen gleich in die Herzen eingleiteten.[2] Dergestalt ward man bald gewahr, daß die Poesie aus den sinnlichsten Gemählden und aus der Sprache der Leidenschaften bestehen würde. Ich pflichte fast dem jüngern Racine im 5. Theil seiner Werke 2. Cap. über die Poesie bey, der die Leidenschaft des Zorns zur Urheberin der Satiren macht, *facit indignatio versum,* ob er sie gleich einigermaaßen schimpflich für die Dichtkunst hält. Aber noch sahe man nicht voraus, wie hoch diese Nachahmungen der Natur getrieben werden können. Waren die ersten Ausbrüche des poetischen Geistes Lieder, oder Kinder der Freude; so dachte man freylich noch nicht, daß die Bewunderung Heldengedichte erzeugen würde. Es war schon viel, daß sie Scolien oder Oden, die das Lob der Helden und Stifter der Städte in sich enthielten, hervor brachte. Doch nachdem man am ersten diejenigen Gegenstände besungen hatte, deren Einflüsse am kräftigsten und nähesten waren, die Vergnügungen des Lebens zu erwecken, z.E. die Ernten, die Heerden, die Schäferinnen, den Wein, den Frühling: so war man nicht so undankbar, denjenigen gar nicht zu preisen, von dem alle Güter des Lebens und alle Werkzeuge der Freude herrühreten. Man ward begeistert, das Lob des Schöpfers oder der Gottheit zu singen. Es kan leicht gekommen seyn, daß man diejenigen Dinge, welche das Vergnügen entzündeten, mit dem Wohlthäter selbst vermischte, und daß aus dem Wein ein Weingott, aus dem Getreide eine Ceres wurde. Denen Schäferinnen, als solchen reitzenden Geschöpfen, konnte man keinen schlechteren Rang geben, als, daß man sie zu Halbgöttinnen machte.[3] Indessen nutzte nicht allein der Scherz und die Freude der Dichtkunst; sondern auch selbst die Wahrheit, die wohl wuste, daß ihr Ernst in seiner dürren Gestalt nicht allein gefalle, bediente sich des schmeichelnden und angenehmen in der Poesie, sich in die Herzen der Sterblichen einzuflößen. Daher glaube ich, daß nächst den Oden, die Fabeln in der Poesie ihrem Alter nach zu setzen sind. Ein Genie empfand bald den Wohlklang des Silbenmaaßes, und das Einnehmende, welches ein Liedchen eben daher bekam, weil man sich einen Zwang anthat, die Silben bald kurz, bald lang, oder nach gewissen Accenten abwechselte, und den Kunstgrif über die Poesie erhielt, daß die Verse gesungen werden und ihre Eindrücke durch die Musick vermehret werden konnten. Der Herr Remond de S. Mard spricht hievon sehr artig[4], und da man sonsten die Grenzen der Prose und der Poesie sehr schwer unterscheiden kan; so können wir die Harmonie und das Mechanische in Gedichten mit dazu nehmen, und die Prose für das ordentliche Mittel unsere Gedanken andern mitzutheilen, die Poesie aber für die Sprache der Kunst und für den höchsten Gipfel des Wohlklanges halten. Einige alte Völker, z.E. die Celten und ihre Barden verfielen auf den Reim oder den Gleichlaut der Endsylben zwoer Zeilen. Vielleicht hat ihnen diese Erfindung damals Ehre gemacht. Vielleicht haben sie dem Gedächtnisse damit einen Dienst leisten wollen. Denn warum lernt mancher Acteur gerne Rollen in Versen, weil das Endwort einer Zeile ihn auf den Reim der andern, und hiedurch auf die ganze Zeile bringt.[5] Man fing an für solche Meister in der Kunst Hochachtung zu haben, der Pöbel hielt sie für begeistert, für Propheten oder halbe Zauberer. Wem ist es nicht bekannt, was vom Orpheus gefabelt wird, daß er die Bäume in den Wäldern zum Tanzen gebracht, und die wilden Thiere sich zu seinen Füßen geschmieget hätten. Die Dichter waren damit nicht übel zufrieden, sie gaben göttliche Eingebungen vor, um die Menschen desto eher zu gewinnen, und sie sittlicher zu machen. Sie riefen die Musen an, und nach ihrem Beyspiel machten es hernach die Gesetzgeber, welche bald wie ein Zoroaster oder ein Zamolxis in Scythien aus den Hölen krochen, und eine himmlische Einflößung von Lehren und Gesetzen vorgaben, bald wie ein Numa Pompil dem Pöbel vorschwatzten, Götterunterredungen und einen Umgang mit begeisterten Nymphen zu haben. Je genauer man das Sylbenmaaß machte; desto mehr würkte der poetische Geist in einigen, sich durch Ausdrücke, Bilder, Begeisterung und Feuer von der ungebundenen Schreibart zu entfernen. Die Kunst stieg, und man machte größere Gedichte, wo zwar die Sylben sich auch abwechselten, aber die Länge und die Materie nicht zuließ, so musikalisch wie in den Liedern zu seyn. Indessen ersetzte man durch größere entzückende Schönheiten, was der Poesie durch die Singkunst abging. Man bekam Tragödien, wo doch noch bey den Alten ein Singechor zu den Oden zwischen den Handlungen blieb. Fast zu gleicher Zeit zeigte sich das Meisterstück des poetischen Geistes, das Heldengedicht, und die Poesie dehnte ihre Vorwürfe und die Schilderungen der Natur immer weiter aus. Nicht nur die Schäfergedichte lebten von den Gemählden der Unschuld und des Landlebens, sondern ob gleich die Lehrgedichte mehr zum Unterrichten als zum Bewegen sind: so streuete man doch Blumen auf dieses trockene Feld, und überkleidete selbst philosophische Materien mit dem Schmuck und dem Mahlerischen der Dichtkunst. Aus dem was wir von der Erzeugung der Poesie und ihrem Ursprunge gesagt, können wir zwo Anmerkungen ziehen, die uns nutzen werden: 1) Die Oper und die Tragödie, kommen in vielen Stücken sehr überein, nur daß jene durch die Musick unterstützet wird, welche nebst den Maschinen und dem Zauberischen das Unnatürliche der singenden Helden und Heldinnen verbergen soll; diese aber nicht. 2) Kleinere Arten von Gedichten, die man Gelegenheitsgedichte nennet, zeigen nicht eben von einem großen poetischen Geiste, ob sie gleich schon ein Naturell verrathen können, oder sie müssen würklich Oden oder Elegienmäßig seyn, und von den innern Schönheiten der Dichtkunst einen Anstrich haben. Sonst saget Horatz bloß:

Ingenium cui fit, cui mens diuinior, et os
Magna sonaturum, des nominis huius honorem.

Ein sogenanntes Sinngedicht oder Epigramm ist nichts mehr als ein gereimter sinnreicher Einfall, es müßte denn ein Bild in sich halten, in welcher Art Martial zwey Muster giebt, wenn er das Landgut seines Freundes und die Schoßhündin desselben schildert.[6] Oder sind dies nicht vielmehr schon Oden, und eine Art von anakreontischen Oden?

Endlich wird es Zeit seyn, unsern Leser aus dem Verdacht zu helfen, als wenn man ihn durch eine weitschweifende Vorrede ermüden, und mit wenigem in der Sache selbst abzuspeisen gedächte. Ich bin ohnedem den Hauptinhalt meiner Gedanken einem Batteux und seinem Uebersetzer einem St. Mard und jüngern Racine schuldig, ob ich gleich deswegen nicht den Vorwurf besorge, sie ausgeschrieben zu haben. Ohne so künstliche Uebergange zu machen, wie manche Redner, die ihre Dispositionen verstecken; so sag ich hiemit, daß die Poesie der Deutschen eben so bey ihrer Geburt ausgesehen, und eben so gestiegen, wie die Dichtkunst bey allen Völkern überhaupt. Die Deutschen sollen mir, wenn ich so sagen darf, den Lebenslauf, die allgemeine Schicksale, die Alter und Entwicklungen der Poesie bestätigen, und dazu hab ich einen fremdscheinenden Eingang vorgesetzt. Wir werden den Vortheil haben, die vornehmsten Veränderungen und Epochen der deutschen Dichtkunst zum voraus zu übersehen, ja gar die Verdienste ihrer Dichter abwägen zu können.

Sind denn nicht die Ueberbleibsel der ältesten Poesie aus dem 9ten 10ten und 11ten Jahrhundert die ersten Kinder der dichtenden Deutschen Lieder gewesen? Es waren Gesänge von der Unsterblichkeit, die die alten Druiden den Streitenden vorgesungen haben sollen. Ich freue mich, in dieser Nachricht des Tacitus das Edle der Deutschen zu finden. Es ist gewiß bey ihnen weniger Abgötterey gewesen wie bey den klugen Römern, weniger Schalkheit und mehr Redlichkeit, weniger Zweifel in der Religion und mehr Gedanken von der Unsterblichkeit der Seele, als epikurische Gesänge auf Bachusfeste. Indessen können wir es uns leicht einbilden, daß die Freude über Siege, über glückliche Ernten, über vergnügte Heyrathen, über den Anblick ihrer Enkel, welche sie in ihren Hütten versammlet, an ihren Liedern den meisten Antheil gehabt.[7] Ich habe es von den alten Preußen und von den Türken gelesen, daß beyde Völker ihre Todten in Liedern beklagt, und unter andern sie befraget, ob sie nicht Essen und

Trinken, Weiber, Caffee und Toback, (die letztern Stücke gelten von den Türken) in ihrem Leben gehabt. Die Traurigkeit hat also so gut als die Freude Leyern gestimmet. Die Liebe hat auch schon alte deutsche Gedichte belebet. Gottsched führet in seiner Grammatick ein Gedicht von 1486 von einem gewissen Joseph an, das von der Bulschaft, welcher Ausdruck, wie bekannt ist, damals unschuldig war, gesungen. So haben die deutschen Dichter die Sprache der Leidenschaften in ihren Liedern gebrauchet. So wie wir Lieder bey den Deutschen finden; so sehen wir auch bald der poetischen Freude die Moral zur Seite gehen. Es ist ein altes Stück, worinn der König Tirol seinem Sohn die Regierung lehret, aber sehet da! eine schöne Anwendung der Dichtkunst.[8] Nach den Zeiten Winsbecks und des Liebhabers der Musen, Friedrichs des Rothbarts, entdecken wir noch stärkere Fragmente der Moral und den Gebrauch der Poesie zu Fabeln. Man sehe davon Herrn Gellerts Vorrede zu seinen Fabeln. So sind Lieder und Fabeln damals schon vergesellschaftet gewesen, wie sie es auf vielen Titeln mancher neuer Gedichte zu seyn pflegen. Was haben die Meistersänger, welche damals zuweilen vortrefliche Hofdichter waren, anders gethan, als Lieder und Tafeloden nach ihrer Art gemacht? Die Sammlung der Dichter aus dem dreyzehnten Jahrhunderte, die uns die Schweitzer versprochen, wird uns künftig hievon mehr überzeugen können. Man hat diesen Zeiten den Namen der Poesie des Hans Sachsen, eines bekannten Meistersängers gegeben. Es wäre ein lustiger Einfall, wenn jemand sich unter den damaligen Dichtern auch solche Seckten, solche Kriege, Thaten und Lorbeern erdichten wollte, als die neuern Jahre gesehen. Wer weis, ob es nicht sehr ähnlich zugegangen ist? Die Welt ist immer dieselbe; nur mit veränderten Scenen. Die Satire erweckte sich einen Dichter in dem Heinrich von Alckmar, in seinem Reincke

Fuchs, wo er die Sitten der Höfe durchzog, und die Vermuthung des Herrn Prof. Gottscheds, daß es eine Satire auf den Herzog Renat von Lothringen gewesen, ist nicht ganz unglücklich; imgleichen an dem Renner des von Trymbergs, der das Leben der Mönche schon im 13ten Jahrhunderte durchhechelt. Wir empfinden noch bis jetzo die Kraft der Hymnen des Luthers und die Ausbrüche seines Muthes, seines Eifers, z.E. in dem Liede: Eine feste Burg etc. und seiner Bewunderung. Diese letzte Leidenschaft hatte noch nichts wie Oden hervorbringen können, und bildete noch aus keinem Deutschen einen ächten Heldendichter in irgend einer Art, wie es bisher die andern Leidenschaften thun können. Der Froschmäusler des Rollenhagens, ist der verstümmelte Mäusekrieg des Homers mit einer untergemengten Satire auf den Pabst. Ich glaube auch wohl, daß zu den Zeiten des Ennius in Rom noch nicht Virgile gewesen, und von Kindern fordern wir noch nicht Werke eines Mannes. Ich habe indessen gewiesen, daß in der ersten deutschen Dichtkunst schon die Sprache der Leidenschaften geherrschet. Daß aber die Zeit erst die Poesie und das Silbenmaaß ausbessern müssen, kan ich mit den Zeugnissen bestätigen, die Gottsched anführt, daß vor Opitzens Zeiten mehrentheils das Silbenmaaß unordentlich und vermengt geblieben. Es sey nun ein Schicksal der Zeiten, ein Vorzug aus verborgenen Ursachen, eine Reife der Jahre, die Geburt glücklicher Geister oder ein besondrer Rathschluß der Regierung Gottes, auch über Künste und Wissenschaften; genug vor Opitzen ist die Dichtkunst nie so hoch gestiegen, als nach ihm. Vielleicht entdecken wir in diesen Ueberbleibseln unsrer Väter eine edle Einfalt, aber zum wenigsten nicht den Geist, das Feuer, die Stärke, den Schwung in den verschiednen Feldern der Dichtkunst, und den Wohlklang der Sprache. Mit Opitzen hebt sich eine neue Epoche der deutschen

Poesie an. Dieser berühmte Schlesier lernte seine Poesie aus den Alten, und schöpfte aus den besten Quellen. Seine Gedichte sind voll poetischer Bilder, rein genug vor seine Zeiten, und stark an Gedanken; besonders nehmen sich sein Gedicht von der Ruhe des Gemühts, und sein Vielgut vortreflich aus. Ich beziehe mich hierin auf die Beyspiele und das Lob, welches zwey sonst in ihren Meynungen und Einsichten verschiedene Kunstrichter, die Herren Bodmer und Gottsched in ihren critischen Dichtkünsten diesem Vater der deutschen Poesie gegeben haben. Es ist auch gewiß Opitz ein Genie gewesen, welches die Dichtkunst empor heben sollte. Denn man sieht mit Verwunderung vor seinen Zeiten eine rechte Wüste bey den Dichtern, ein Leeres von Gedanken, sehr viel Härte der Verse, und Opitz scheinet vor allen hervor:

Vt inter stellas luna minores.

Die Nachwelt wird ihm beständig diese Vorzüge bestätigen. Da dieser Geist einmal die Bahn gebrochen; so konnte es nicht fehlen, daß der wahre gute Geschmack bald Liebhaber finden mußte. Dies ist seine Herrschaft und sein Kennzeichen. Der falsche Geschmack dauert nie so lange, und wenn auch alles wieder in eine Barbarey verfällt; so bleibt er dennoch wie die Tugend in dem Herzen der Kenner. Die Zeit, welche über unsre wahre Verdienste entscheiden kan, ist auch über ihn der beste Richter. Auf diesen Boberschwan folgten verschiedene von seinen Landesleuten; aber man muß auch gestehen, daß die mehresten davon viel matter gesungen als Opitz. Wenige sind davon auszunehmen, z.E. ein Rachel, dessen Satiren ein recht gutes Salz haben, Tscherning, Flemming ein Meißner, dessen Gedichte etwas sanftes, flüßendes, und hin und her bilderreiches an sich haben, Rist, der in geistlichen Liedern eben so vorzüglich wie Paul Gerhard ist. Ich kan aber fast behaupten, daß alle diese noch nicht den Opitz erreicht haben. Indessen füllte sich Deutschland immer mehr mit Dichtern an. Schlesien und Sachsen stritten besonders um den Vorzug. Allein beyde Länder zeugten Seckten, und Deutschland ward von verschiednen Geschmacken regiert, die weil sie beyde bis zur Ausschweifung getrieben wurden, beyde die Natur verfehlten und ungesunde Dichter hervor brachten. Schlesien steckte sich mit dem alpinischen Schwulste an. Hoffmanns Waldau und vornemlich Lohenstein eröfneten einen neuen Auftritt in der Geschichte der Dichtkunst. Der erstere ist in seinen Heldenbriefen noch erträglich; allein er verläßt schon die reinen Quellen, aus denen Opitz geschöpft, und ziert sich mit dem Flittergolde. Der andere hat würklich hin und her in seinen Trauerspielen gute Gedanken, und dies ist die Ursache, warum Haller sagt, daß er aus Lohensteinen noch etwas gelernt habe: aber es ist alles mit den läppischen Zierathen vom Ambra und Zibet bis auf die Biesamkatzen überkleistert; es sind weder Ordnung noch Characktere darin. Dem ohngeachtet nahm dieses Blendwerk alle ein, Lohenstein ward ein Autor Klaßikus, es schlich sich ein Gift in die poetische Adern, und die Lohensteinsche Dichtkunst war dem Marzipan gleich, welches mit vielem Goldschaum und farbigten Säften überzogen ist, die, wegen ihres Giftes, das sie in sich haben, schädlich zu seyn pflegen. In andern Gegenden Deutschlandes siegten die Zesianischen Spielwerke, die Tändeleyen der fruchtbringenden Gesellschaft, und die abgeschmackte Galanterien des Talanders und Menantes. Da war weder Licht und Ordnung, weder Feuer, noch das Mahlerische in den Gedichten. Es war eine bloß schlecht gereimte Prose, und man setzte die größte Kunst in der Poesie in kindischen Dingen, z.E. Verse in der Gestalt der Becher, der Herzen, der Kreutze, der

Särge, Sonnette und Ringeloden zu machen. Wie weit erniedrigte sich damals die deutsche Dichtkunst unter die Stuffe, die sie zu Opitzens Zeiten schon erhalten. Auf einmal verfiel sie und ward kraftlos; so wie zuweilen in Sommertagen eben im Mittage oder gleich nach einem heitern Morgen die schwarzesten Wolken sich vor die Sonne ziehen, die sich kaum auf den Abend erst zerstreuen. Außer den beyden Griphiern, die noch an einigen Stellen gesund dachten, und von denen des einen sein Peter Squentz außer einigen Grobheiten eine ziemliche Satire abgiebt, nebst Neukirchen, der in seinen älteren Jahren reiner und poetischer schrieb, haben wir keine, deren Namen die Unsterblichkeit verdienen sollten. Es ist erstaunlich, wenn man bedenkt, wie schlecht aufgeräumet es in der deutschen Dichtkunst ausgesehen, wie wenig Schwung und Meisterstücke es darinnen gegeben habe, da es doch gegen das Ende des vorigen Jahrhundertes ging, und in Frankreich die Schaubühne sowohl Meisterstücke lieferte, als auch andere Dichter bis zum Gipfel des Parnasses sich schwungen. Allein es ist in den Künsten, so wie mit der Witterung auf der Erden. Wenn ein Land Regen hat, so scheinet über den andern die Sonne, und wenn der Norden vom Winter erstarrt liegt; so blühet in Süden der Sommer. Ich kan indessen ein Land nennen, welches ziemlich gedeckt geblieben, da ein fast allgemeiner übler Geschmack Deutschland verderbete. Es ist Preußen. Sein geistreicher Simon Dach, sein Röling sind in ihren Liedern voller Begeisterung, voller poetischen Vorstellungen und Ausdrücke. Ich gedenke hier eines gewissen poetischen Tisches des Heinrich Bredeloen von 1682, eines Königsbergers und lustigen munteren Dichters, dessen Einfälle ungleich besser sind, wie des sogenannten Prutenions seine Haine, obgleich dieser viel später gelebet hat. Dies ist indessen die dritte Epoche der deutschen Dichtkunst nach meinen

Gedanken gewesen, welche die Lohensteinsche und Zesianische Schreibart in sich begreift, vermischt, und mehr schlecht als fruchtbar an großen Werken gewesen. Die Pfalzgrafen und geschmeichelte Höfe, an denen kein Geschmack war, krönten viele Dichter; aber wo sind ihre Lorbeern?

Eine neue Epoche der deutschen Dichtkunst kan ich wohl mit Recht mit dem Herrn von Canitz anfangen, der, wo er nicht ihr Stifter zu heißen verdienet, doch gewiß den Geschmack in der Poesie sehr gereinigt, erhoben, und uns mit den Ausländern bekannter gemacht. Er hatte französische Dichter gelesen, er übersetzte einige Stücke derselben, und nahm ihre Schreibart an. Harpax und Doris sind ein paar schöne Proben seines Geistes, und wenn es auch noch nicht Meisterstücke heißen sollten; so waren sie doch zu diesen Zeiten neu und vorzüglich. Ich weis wohl nicht, ob ich das Gedankenreiche und Körnigte des Pope in Canitzen finden soll; zum wenigsten aber find ich etwas leichtes in seinen Ausdrücken, die dem ohngeachtet nicht gedankenlos sind. Ich beruffe mich auf das Stück vom Landleben. Unter Friedrichs des Ersten friedfertigen Regierung ahmte diesem Geiste Besser, nach, und kam ihm nahe. König, der beyde prächtig heraus gegeben, übertrift sie, allein nur bloß in einigen mahlerischen Stellen seines Gedichtes, welches den Titel die Einhohlung führet. Der Brandenburgische sanfte Zepter erweckte noch mehr Dichter in seinem Gebiete. In Preußen besang ein feuriger Pietsch, den Carl den Eugen und seinen König. Die Schreibart dieses Dichters, besonders in seinem Carl, kam der Lukanischen bey den Lateinern ähnlich, und sie hätte allgemeiner in Deutschland werden können; nur es scheinet, daß sein Geschmack vornemlich nur sich seinem Vaterlande zum Erbtheil hinterlassen, wo sein Nachfolger Herr Professor Bock ihn erreichet hat, und viele Musensöhne durch dies poetische Feuer belebt worden. Von auswärtigen hab ich einige Gedichte des Junkers in den Schriften der Leipziger Gesellschaft gefunden, die seinem Stil sich näherten; und dann ist Stöckel in seinen Siegen Friedrichs der Nachahmer dieses Geistes gewesen. Ich stehe nicht sehr an, zu entscheiden, daß wer auch zu dergleichen Lobgedichten, die noch eben keine Epopeen sind, keine bequemere Schreibart der Poesie wählen können, als diese bey den erwehnten Dichtern. Schlesien zeugte indessen einen Dichter, der recht dazu geboren zu seyn schien, aber unreif geblieben, oder sich selbst vielmehr erstickt und verdorben hat. Günther ist ein Original, in seinen Satiren unter dem Neukirch, in seinen Oden über ihn. Er hätte den Deutschen eine ihm eigenthümliche und besondre Laufbahn zeigen können, allein er hat sie nur eröffnet, und sich noch dazu selbst darauf verirret; denn ihm fehlte ein sichrer Geschmack. Daher haben andre das geleistet, was die Güntherische Muse hätte thun können, wenn das Genie durch die Kunst wäre vollkommen gemacht worden.

Die deutsche Gesellschaft zu Leipzig war dazu bestimmt, eine neue Epoche der Dichtkunst in Deutschland auszubreiten, gleichsam die Trompete zu blasen, die Ausführung des Sieges aber den nachkommenden Geistern zu übertragen. Gottsched hat das Verdienst, nach seinem Geständniß ihr einen neuen Schwung gegeben zu haben. Sie bemühte sich Opitzisch und Kanitzisch zu schreiben, und ihre Oden ließen viel von ihr hoffen. Man lieset einige darunter besonders den Geist des Cäsars von Junkern mit aller Entzückung. Ihr Haupt war glücklicher in seinen Bemühungen, den Geschmack der Deutschen zu bilden, als in seinem eigenen Geschmacke. Seine Schüler hatten das Feuer und die Gedanken, zu denen sie ihr Lehrer nach der Fürschrift der Ausländer und dem Beyspiel großer Dichter anwies. Indessen blieb ihnen mehr Flüßigkeit als Begeisterung in ihren Gedichten eigen. Gottsched suchte durch gute Uebersetzungen von Schauspielen der deutschen Schaubühne eine neue Gestalt zu geben, und es gelung ihm.

Die Critick nahm in und außerhalb Deutschland zu, die Reimer verstummten, oder fürchteten sich vor ihren Geißeln. Bodmer und Breitinger klärten die Regeln der wahren Dichtkunst auf, der Geschmack ward immer reeller, und die Leipziger Belustigungen zeigten schon männliche Proben muntrer und schöner Geister. Des beliebten Gellerts, eines unter den Deutschen recht feinen Schriftstellers, und eines Fontänen unter den Dichtern, seine Fabeln behauptete, so wie die gedankenreiche Gedichte eines I. A. und J. E. Schlegels den Vorzug. Bald darauf folgten die Bremische Beyträge, und prangten in ihren Oden, in dem Unzufriednen, in den Verwandlungen etc. mit Meisterstücken. Der Deutsche, der zwar etwas später als andre Nationen erwacht war, hatte nunmehr Muth, ihnen nachzustreben und den Gipfel zu erreichen, auf den sie sich geschwungen

tum pudor incendit vires, et conscia virtus. Aeneid. L. V.

Schlegels Canut, imgleichen seine Dido und Herrmann, und andre Originalstücke in Lust- und Trauerspielen bereicherten die Schaubühne, und wir haben Hofnung, unter den Deutschen noch einmal Korneillen und Racinen zu hören. Brocks eröfnete sich ein neues bilderreiches Feld in seinem irdischen Vergnügen in Gott, und von Kleist hat nach ihm in seinem Frühling gezeigt, wie man dem englischen Thomson nachmahlen müsse. Indessen kamen einige Geschmacke nach und nach in Deutschland auf, die theils mehr theils weniger allgemein wurden, und Abschnitte der Dichtkunst stifteten. Ich werde noch der Hallerschen, der Anakreontischen, der Horatzischen und der

Klopstockischen Muse gedenken. Haller wird immer ein erhabner Dichter voll reifer großer Gedanken und vieler Begeistrung bleiben, obgleich die Härte des Ausdrucks ihn nicht nachahmbar macht. In diesem Geschmacke sind auch Spreng, Witthoff, einige Göttingische und die Bremische Gedichte verfertigt, welche die etwas schwerere und tiefsinnige englische Denkungsart lieben.

Anakreon ward durch die glücklichen Versuche des Herrn Gleims ein Liebling der Deutschen, und es entstand eine anakreontische Epoche. Nur dieser deutsche Anakreon hatte viel Schüler, aber wenig, die ihm beykamen. Diese geistreiche Tändeleyen und liebenswürdige Einfälle wurden bald ein süßes Gewäsche, oder ein in sich wiederkehrender matter Scherz. Außer einigen Liedern und Erzählungen, wohin ich auch Rosts Schäfergedichte rechne, darf ich nur noch der Scherze einer geschickten Unzerin, und der niedlichen Kleinigkeiten des Herrn Leßings aus Berlin erwähnen. Es scheinet sich die Hitze zu tändeln jetzt etwas bey den Deutschen abgekühlt zu haben.

Horatz erhielt einen Liebhaber an dem Herrn von Hagedorn, der ihn in einigen Oden vortreflich ausdrückte, und in seinen Liedern das Schöne der besten Liederdichter traf.[9] Pyra und Lange gingen in ihrem Eifer für den Horatz so weit, daß sie nicht allein seine Gedanken, sondern auch sogar seine Lyrische Versart im Deutschen nachahmten. Man kan dem letztern und seinen Nachfolgern das Nachdrückliche und Begeisterte, welches den Horatz so kenntlich macht, nicht strittig machen. Es werden aber doch ihre Versarten und einige Wortfügungen immer etwas gezwungenes für die deutsche Ohren bleiben. Die Secktirer selbst aber verrathen zum wenigsten dies Gute, daß sie den Horatz gelesen, und seine Schönheiten empfunden haben, wofern sie wirklich so denken wie er. Endlich muß ich das

Heldengedicht des Herrn Klopstocks anführen, welches aufs neue einen Krieg unter den Critickern erwecket, und die reimlose Epoche der deutschen Dichtkunst aufgebracht. Ich müßte ein Neider oder ein halber Kenner seyn, wenn ich nicht die wirklichen großen poetischen Schönheiten in Bildern, Charackteren, Ausdrücken, dem Wunderbaren, und dem Neuen in dem Meßias empfinden sollte. Ich stoße mich auch nicht an das äußerliche dieses Gedichts, sondern glaube vielmehr, daß sich keine Versart zu den längern Macht- und Beywörtern besser geschicket hat, als der lateinische Hexameter. Ich bin auch versichert, daß der Herrmann des Herrn von Schönaichs, ein in seiner Art wohlgerathnes Gedicht, das mit der Henriade des Herrn von Voltär in vielen Stücken zu vergleichen wäre, leichter glückliche Nachahmer finden könne als der Meßias. Nur der Schwindel ist seltsam, der die Deutschen zuweilen befällt, dies oder jenes ohne Unterscheid zu erheben, und mit allerhand Nachahmungen, die oft nichts als die Neuigkeit und das Affecktirte vor sich haben, die Welt zu überschwemmen, den wahren guten Geschmack zu übertreiben, oder in barbarische Zierrathen einzuhüllen. Wir wünschen nichts mehr, als daß der deutsche Milton in seinen folgenden Gesängen weder an der Klippe des Abentheuerlichen noch der scandirten Prose scheitre, und daß die Dichtkunst der Deutschen nie zu gekünstelt, und auch nie zu regellos werde, sondern sich bey den wahren Schönheiten in Sitten, Empfindungen und auch Ausdrücken erhalte, die sich den Alten abgelernt. Dem dichterischen Bodmer hat es gefallen, mehr auf die Einfalt und Stärke der homerischen Gedanken als auf die miltonsche Denkungsart in seinem Noah zu sehen, oder vielleicht beyde zu verbinden. Seine Muse ist fruchtbar an dergleichen Werken gewesen, und Wieland sein Freund, sein glücklicher Nachfolger in seinen Erzehlungen, dessen Natur der

Dinge und moralische Briefe überhaupt einen starken Dichter verrathen, wird uns die Schönheiten und Eigenthümlichkeiten in der Kühnheit und Pracht der Bilder und des Ausdrucks bey der Bodmerschen Muse, woran es ihr nicht fehlt, kenntlicher durch seine Bemühungen machen. Zum wenigsten hat Bodmer einen besondern Geschmack in der Schweitz eingeführt, und Deutschland hat viel zu seiner Ehre den Schweitzerischen Dichtern zu danken. Doch wollt ich zweyerley rathen, theils, daß jeder, der Gedichte liefern will, ein Original zu werden, und in seiner durch den Zug eignen aber auch richtigen Denkungsart sich zu unterscheiden und zu empfehlen suche, z.E. wie ein von Kreutz in seinen Oden, ein Dusch oder ein Leßing in ihren Schriften; theils, daß man nicht secktirisch sey, und nur wo Gedichte mit lateinischen Buchstaben abgedruckt lese, andre aber, wie z.E. die Hamburgischen Beyträge, die diesen Stempel nicht haben, verwerfe. Es ist besser, sich keinem, oft fremdem Geschmack allein zu übergeben, sondern der Begeistrung zu folgen, die die Natur ohne einzelne Sonderlichkeiten allen schönen Geistern überhaupt eingedruckt, und unter sie jedoch nach ungleichen Graden vertheilt hat. Dann wird sie ihr Apollo zu ihrer Krönung führen.

„Gerad dem Schwarm vorbey, der um die Pappeln schwärmet,
Sich selber Lorrbeern flicht, und um die Kränze lärmet,
Dort in die Einsamkeit, wo sich Minerva kühlt,
Wo in dem Heiligthum das Chor des Phebus spielt,
Wo durch ein altes Laub der Hauch des Zephirs wallet,
Und von Virgils Gesang ein Ton noch wiederhallet."

Der Herr Verfasser nachstehender Gedichte liefert hiemit den zweyten Theil seiner Arbeiten, um theils sein Versprechen, seine reifere Ausarbeitungen mitzutheilen, theils die Hofnung zu erfüllen, die die poetischen Zeitungen von ihm gegeben. Aus dem Urtheil des Berlinschen Recensenten, darf man nicht auf seinen Charackter schlüßen, da das Urtheil eines noch nicht das Urtheil aller ist. Man mag vielmehr mit ihm glauben, daß er sich in demjenigen getroffen finden will, der in einer hiesigen Wochenschrift geschildert worden.

„Lusimus ist vom Sylvius unterschieden, er hat seine gute Striche nach einer andern Lage empfangen, und ich denke, es sey schwer, viel Jünglinge von seiner Art zu finden. Denn, wenn ich die Wahrheit sagen soll, so hat sein Naturell etwas seltsames an sich. Es regiert eine gewisse Regelmäßigkeit in seinen Handlungen, welche selbst bey ihm zuweilen den Anschein eines Eigensinnes bekömmt, bey einem andern aber, der nicht das Gleichgewicht darinn besäße, ganz unerträglich seyn würde. Ihm ist er ein Geschenk des Himmels, und ich wollte wohl behaupten, daß er in etlichen Fällen dadurch liebenswürdig werden könnte. Er würde durch diese Strenge, die er sich selbst auflegte, genau in seinen Geschäften, sich immer gleich in allem was er thut, seinen Freunden nie beschwerlich, über sich selbst nie unwillig, kurz, wenn ich mich so ausdrücken kan, er würde ein mechanischer Philosoph seyn. Denn er ist ruhig, in sich selbst gekehrt, und das alles wie abgemessen. So bleibt er im Lesen, in der Diät, in seinen Besuchen, im Spielen und in allen Unternehmungen. Er besitzt eine große Gleichgültigkeit gegen vieles, wobey andre Jünglinge aufrührerischer sind. Ich habe oft nachgedacht, woher sie so fest und eingewurzelt bey ihm sey. Die Hauptquelle ist wohl eine Art von Zufriedenheit des Gemüths, nach welcher er wie philosophisch lebt, ohne seine vergnügte Empfindungen auszurotten. Ich habe ihn nie über das Urtheil in der Welt klagen hören, ob er es gleich zu beurtheilen weis. So rechtsliebend er ist; so zufrieden ist er auch, wenn er sich nichts vorzuwerfen hat. Die Nebenquellen hievon scheinen mir ein kleiner, heimlicher Stolz, der ihm natürlich läßt, und die Gabe zu seyn, welche er eben deswegen zur Satire hat. Er liebt den Umgang, und ist darin bescheiden. Den Stutzern wird er vielleicht nie Abbruch thun, er behält seine ewige Mode nach seiner bekannten Regelmäßigkeit, daher möchte er unter jenen wie ein Patriarch sitzen. Seine Freunde geben ihm deswegen besondre Unterscheidungszeichen, er lacht ganz ruhig über ihre Einfälle, und weil er hier nach zureichenden Gründen handelt; so vermag die Eitelkeit nicht viel über ihn. Sein Herz muß gewiß ziemlich verschanzt seyn. Ich möchte gerne wissen, wie es gegen mein [das weibliche] Geschlecht gesinnet ist, ob es auch, (Lusimus wird mirs erlauben zu fragen) ob es auch seine gewisse Nicken hat? Er hat viele Kleinigkeiten in seiner Lebensart, die zur Erklärung seines Charackters gehören, und angemerkt zu werden verdienen. Er schreibet sehr fertig Gedichte, und in denjenigen Arten, welche für ihn gehören, findet er Gefallen. So mäßig er in allem ist; so bedachtsam ist er auch hierinn. Sein Geschmack aber ist nicht so eingeschränkt. Er empfindet auch das Erhabne und das Zärtliche so gut wie das Mittelmäßige; er wählet aber dasjenige vor sich zur Nachahmung, worin er glücklich ist."

Den Contrast, der wegen der Noten zu dem Gedichte von der Laute, bey Lesern, die in ihnen etwas Lustiges, und in dem Gedichte selbst Ernst und poetische Bilder antreffen, entstehen könnte, mag man damit entschuldigen, daß er mit den Noten zeigen wollen, wie überflüßig oft einige derselben bey Dichtern die gar zu belesen seyn wollen, aussehen, und wie leicht man sowohl in das Poßierliche damit verfallen, als auch ohne große Mühe dergleichen finden könne, das Papier nur zu verderben. Man hat gewünscht, seine in dem hiesigen akademischen Hörsaale gehaltne extemporal Rede zu lesen; allein da sie ohngeachtet der angestellten Versuche nicht so schnell hat in die Feder gefaßt werden können, so ist er außer

Stand gesetzt, die Hofnung mancher Liebhaber zu erfüllen. Es wird dies indessen weniger zu sagen haben, da er täglich von seiner Fertigkeit dergleichen Proben ablegen kan. Er beschäftigt sich jetzt mit Uebersetzungen in die Poesie von einigen poetischen molierischen Stücken, wovon bereits die Männerschule und der Tartuffe fertig sind, und die erstere auch bereits vorgestellet ist. Der Beyfall des Publici wird ihn ermuntern, seinen künftigen Gedichten immer mehr das wahre Sinnreiche, und die ächte Stärke poetischer Gedanken zu geben. Bisher hat er geglaubt, ohngeachtet er auch von stärkern Gedichten in der Laute eine Probe abgelegt, daß es seinem flüchtigen Naturell gemäßer wäre, mit der flüßigen Schreibart sich zu beschäftigen, damit er seine Fertigkeit in der extemporal Poesie nicht verderbe, worinn man ihn noch den Stärksten nennen kan.

Königsberg, den I. Febr. 1754.

Originalanmerkungen

1 Diesen Gesellen der Traurigkeit vergleichet sich der gekrönte Dichter des A. T. im 102. Ps. v. 7. 8. Die Deutschen, die dem Roußeau in ihren Uebersetzungen der Psalme gefolgt, haben in den gelieferten Stücken die Davidischen Bilder glücklich entwickelt. Laßt es uns mit diesen dreyen Versen versuchen:

Sieh! wie ich jenem Vogel gleiche,
Der zu den finstern Wüsten fliegt,
Und bey dem sumpfigten Gesträuche
Im Schleim und Schilf verlassen liegt:
Dem Käutzlein gleich in öden Plätzen,
Das noch den Brand der Häuser riecht,
Und froh, wo Menschen sich entsetzen,
Auf ecklem Schutt der Städte kriecht.

Trübsinnig will ich um mich schauen,
Und seh nichts als des Schreckens Macht,
Und Wust und der Verstöhrung Grauen,
In dem ich Nächte durchgewacht.
Wie einsam auf dem kalten Dache,
Der Vogel wachend sich verzehrt;
So ring ich mit dem Gram, und wache,
Und seufze, steif in mich gekehrt.

Ihn lockt nichts mehr zum ecklen Leben,
Nicht Gattin, Futter oder Nest.
Von starrer Munterkeit umgeben,
Verhungert er den matten Rest.
Kein Schlaf winkt ihm die Augen nieder,
Kein Traum versüßt ihm seine Ruh.
Den heisren Laut, nicht Freudenlieder,
Schickt er den trüben Sternen zu.

2 Montaigne hat uns in seinen Versuchen I. B. 30. Cap. sogar eine Probe eines anakreontischen Liedes eines Cannibalen

aufbehalten. Der Inhalt ist: Schlange, bleibe hier, bleibe hier o Schlange, damit meine Schwester, von dir wie du gemahlt bist, ein Muster zur Arbeit eines reichen Zopfes nehme, den ich meiner Liebsten geben könne. Denn wird man deine Schönheit und deine Gestalt allen Schlangen in der Welt zu aller Zeit vorziehen.

3 Hagedorn hat diesen Einfall in einem Liede von der Vergötterung in seinen Oden ausgeführt. Er singt:

Holde Phillis! die Göttinnen,
Traue mir die Wahrheit zu,
Waren anfangs Schäferinnen,
Oder Mädgen, so wie du.
Eine, die mit blauen Augen,
Mehr als Männerwitz verband,
Konnte zur Minerva taugen,
Und erwarb den Götterstand u. s. f.

4 Siehe seine Poetick im vierten Theil seiner Werke. S. b. m. 58.

5 Was hält man von dem Gedanken des Racine in seinen Refl. sur la Poesie, den ich mich nicht erinnern kan, bey Vertheidigern des Reimes gelesen zu haben. Er meint, die Römer hätten den Gleichlaut oder Reim geliebt. Dies erhelle aus einigen Versen, besonders Pentametern, die in der Mitte und am Ende sich reimten, z. E.

Bella per Emathios plus quam ciuilia campos.
Oder: *Tellus in longas est patefacta vias.*

So müßten also die Verse der Mönche, z. E.

Nunc tibi cum cura Lehnin cano fata futura.

eine Schönheit in der That haben.

6 Mart. Epigr. 58. L. III. und Epigr. 109. L. I.

7 Die Freude wirket zuweilen wunderliche Einfälle, wenn sie nur lustig und zum Tanz geschickt sind. Wer kennt nicht den alten Tanz, der so fleißig wiederholt wird: Als der Großvater die Großmutter nahm etc. Oder: Unsre Mutter hat Gänse etc.

8 Siehe in Gottscheds gesammleten Reden die Rede von der Poesie zu Friedrichs des Ersten Zeiten.

9 Siehe ein Urtheil von Gellerten, Hagedorn und Gleimen, in der Daphne zweytem Theil.

JOHANN FRIEDRICH LAUSON

Das Lorrbeerwürdige Andenken eines vor hundert Jahren verstorbenen großen Preußischen Dichters, M. Simon Dach

Nach Stand und Verdiensten
Hochachtungswürdige Zuhörer!

So allgemein das Gesetz der Sterblichkeit, so selten ist die Unsterblichkeit des Nachruhms. Und dennoch bleibet diese das Triebrad, so die Maschine der größten Handlungen in Bewegung setzt. Nicht nur die Tugend eilet mit verdoppelten Schritten in den Tempel der Unsterblichkeit, sondern auch das Laster stürmet mit räuberischen Händen an die Pforten desselben. Papinian und Morus klettern über die Blutbühne hinein. Curtius der verwegne Römer sucht durch einen flammenden Abgrund einen verborgenen Weg dahin zu gelangen. Herostrat leget ein Wunderwerk der Welt in die Asche, um mit einem unsterblichen Namen, wie ein fabelhafter Phönix daraus hervor zu steigen. Sogar die Cartouches und Mandrins trachten, wie die Cäsars und Catons, nach dieser Unsterblichkeit. Doch was muß es für ein elendes Vergnügen seyn, seine Schandthaten verewiget zu sehen? Wie lächerlich ist der Ruhm eines verläumderischen Pasquins, der Momus der neuern Zeiten, an seinem Hause durch eine Schandsäule die Unsterblichkeit seines Namens zu erhalten? Wie gegründet hingegen ist ein aus den Quellen der wahren Ehre fließendes Bestreben, sich alsdenn noch im guten Andenken bey den Nachkommen zu erhalten, wenn unser Staub längst verflattert ist? Wie uneigennützig ist nicht ein solches Bemühen? Ferne sey es von mir, daß ich dem Ehrgeiz dadurch das Wort reden sollte. So wie der Christ seiner Seeligkeit gewiß seyn muß, ohne sich zu rühmen, so ist der Weise seiner Unsterblichkeit versichert, ohne darauf stolz zu seyn. Fordert der Schöpfer selbsten das Andenken seines Namens von uns, so ist es billig, daß seine Geschöpfe, die alles von seinen Händen haben, auch dadurch die Ehre seines Namens befördern, wenn sie durch gute Handlungen für die Unsterblichkeit des Ihrigen sorgen. Die Menschen sind ohnedem nur Brennspiegel, die alles Feuer ihrer guten Handlungen von dieser Sonne borgen müssen, und ihr daher entstandner Ruhm ist ein gebrochner Lichtstral, der zu seinem Ursprung zurück kehren muß. Die Dichtkunst stammet, so wie alle gute Gaben, von dem Vater des Lichts her, und die Heyden haben bereits etwas göttliches darinn gefunden. Das Wort des Höchsten liefert uns selbst in den Gesängen eines gekrönten Dichters unnachahmliche Meisterstücke der Poesie, ohngeachtet die Entwicklung ihrer äußerlichen Schönheiten uns noch ein Rätzel ist, wozu vielleicht unsere Nachkommen den Schlüßel finden werden. Ja wenn die göttlichen Lehrer uns einen Blick in den ofnen Himmel thun lassen, so schildern sie uns die vier und zwanzig Aeltesten mit Harfen in der Hand. Und wie freudig hat ein geistvoller Dach diese Freuden nachgeschildert, wenn er in einer poetischen Begeisterung fast in den dritten Himmel entzückt, so oft er an seine künftige Beschäftigung gedenkt, schon auf Erden jauchzet:

Mein Mund wird nichts als Lachen
Und meiner Zungen Klang
Wird nichts als Lieder machen,
Gott, unserm Heil zu Dank.
Ihm werd ich Ehre bringen,
Von seiner Werke Zahl
Wird heilig wieder klingen
Der ganze Himmelssaal.

Welch ein Echo! Wir dürfen hier keine harmonische Bewegung der Himmelssphähren mit dem Ptolomäus uns einbilden; Es sind noch Seraphim und Cherubim, noch Thronen und Herrschaften, Fürstenthümer und Obrigkeiten, ja Myriaden von verklärten Geistern und Decatillionen von vernünftigen Geschöpfen verhanden, die das Lob ihres unendlichen Schöpfers Ewigkeiten durchsingen werden. Mich dünkt, ich werde selbst von dieser Vorstellung so gerührt, daß ich mich in die Ewigkeit gerückt sehe! Mein von den Schatten der Sterblichkeit noch umnebeltes Auge wird auf einmal heiter. Die Schuppen fallen ab. Ich sehe Geister, die vor dem mit eben den Hülsen beschweret gewesen, deren Bande ich noch tragen muß. Und unter diesen höre ich Dich, ja ich sehe Dich, dem Bilde gleich, daß ich oft mit Ehrfurcht bewundert, unsterblicher Dach! Auch Du stehest vor dem Throne des erwürgten Lammes, auch Du rührest Deine Harfe, auch Du singst. Du stehest zwischen dem großen Opitz, und Deinem geliebten Roberthin, zwischen einem zärtlichen Dichter und einem zärtlichen Freunde. Kein Wunder, daß Dein Mund auch noch in der Ewigkeit von Zärtlichkeiten überfließet, wovon Dein irrdischer Psalter geklungen.

Vergeben Sie es mir, meine Herren, daß meine Betrachtungen Dero verehrungswürdige Gegenwart auf einen Augenblick mit den Freuden des Himmels vertauscht haben! Der Gedanke von der Unsterblichkeit, und der verklärte Dichter, dessen Andenken ich nach seiner hundertjährigen Einäscherung bey Ihnen zu erneuren mich unterstanden, sind die Triebfedern dazu gewesen. Hat es unserm in der Ferne schimrenden Landsmann, dem wegen seiner unermüdeten Verbeßrung der deutschen Sprache und Schaubühne allein schon der Unsterblichkeit sich nähernden Gottsched gefallen, dem Erfinder und Verbesserer des Weltbaues, dem weltberühmten Nicolaus Copernicus, von dem wir Preußen die

Ehre haben Landsleute zu seyn, an seinem hundertjährigen Sterbenstage, an einem fremden Ort eine Gedächtnißrede zu halten, so wie er auch das Andenken eines in unserm Preußen verstorbnen Martin Opitz, des großen Verbeßrers der deutschen Dichtkunst, nach hundert Jahren, in seinem Leipziger Athen, durch eine Lobrede erneuret; wer will es mir denn verargen, da ich eins von den Aemtern, die unser vortrefliche Dach vor dem gezieret, bey derselben Schule bekleide, deren Ehre Er noch vergrößert, daß ich das achtungswürdige Andenken dieses unschätzbaren Mannes zu erneuren suche.

Erlauben Sie mir demnach, meine Herren, die Verdienste unsres Dachen Denenselben näher kennen zu lernen, da Sie vielleicht das Geräusch Ihrer dem besten des Vaterlandes gewidmeten Geschäfte Selbst daran zu denken verhindert. Brechen Sie einige Augenblicke von Ihrer dem Dienst der Religion, der Gerechtigkeit, dem Wohl und der Gesundheit Ihrer Mitbürger gewidmeten Zeit ab, und opfern Sie mit mir den Musen. Ich werde Ihnen die Unsterblichkeit unsres Dachen aus seinem Lebenswandel zu erweisen bemühet seyn. Gönnen Sie seiner Asche die Pflichten der Dankbarkeit, die Er besonders wegen seiner Psalmen verdient, die Sie noch ermuntern und die letzten Stunden Ihres Lebens zur Ewigkeit bereiten können. Streuen Sie mit mir Blumen auf den grünenden Grabhügel eines Mannes, der so öfters seine Leyer bey den Leichengrüften seiner Mitbürger gerühret, und seine Lorrbern unter ihre Cypressen gepflanzet. Verehren Sie mit mir den Namen eines Dichters, der durch seine Lieder manche Namen, die sonsten im Staube geblieben, der Vergessenheit entrissen, und sie gleichsam auf den Flügeln seines Nachruhms auch zur Unsterblichkeit übergetragen. Wundern Sie sich nicht, daß ich einem Dichter nicht eine poetische Lobrede halte, mir fehlet Dachens Feuer zu einer poetischen Begeisterung. Finden Sie in dieser unausgebildeten Zeichnung des Dachischen Lebenswandels mehr erkünstelte Zierrathen der Dichtkunst, als natürliche Blumen der Redekunst, so vergleichen Sie den poetischen Vorwurf und den ungeübten Redner, jenen nach seiner Stärke, diesen nach seiner Schwäche, alsdenn schmeichle ich mir, daß Simon Dach Dero Beyfall und ich Dero Nachsicht erhalten werde. Von Dir, über alle Schmeicheleyen des Irrdischen zu der ewigen Wahrheit, die im Himmel thront, hinaufgerückter Geist, von Dir über die Zwietracht der Eitelkeiten dieser Welt im Himmel triumphirender Dach! erwarte ich die Unterstützung meiner unversuchten Kräfte. Der Ort, an dem ich Dein preiswürdiges Andenken zu erneuren mich erkühne, ist so oft durch die Gegenwart Deines noch mit den Hülsen der Sterblichkeit umkleideten Geistes geschmücket worden. Blicke über die Mauren des umstrahlten Jerusalems, Blicke durch die Perlenpforten, die Dir hier im Geist schon oft geöffnet waren, auf den Ort herunter, wo Du unter Staub und Wolken, unter Martern und Seufzern, unter Schweiß und Arbeit den Keim von Deinen nie verwelkenden Lorrbeern hast aufgehen sehen. Gönne mir, als Deinem unwürdigen Nachfolger, gönne mir, als einem angehenden Dichter, nur einen Strahl, der in Deine göttliche Psalmen geflossen, damit ich zum wenigsten Deiner Asche nicht unwürdige Cypressenzweige auf Dein Grab streuen möge.

Wenn der Tag des Todes meine Herren, vorzüglicher, als der Tag der Geburt ist, so wird man mir es um desto weniger verargen, daß ich mich unterstehe, den Todestag eines Dichters nach hundert Jahren zu erneuren, der ein ganzes Jahrhundert durch die Zierde seines Vaterlandes gewesen, und seine Unsterblichkeit im größten Theil von Europa im immergrünenden Wachsthum erhalten. Ich darf nur den Namen Simon Dach nennen, so erkennet man leicht einen geistlichen Odendichter von der ersten Größe. Das Gerüchte, das den wahren Werth den Sterblichen mehrentheils alsdenn erst zu bestimmen pflegt, wenn sie zur Unsterblichkeit übergegangen, darf sich bloß der eignen Gesänge unsres verewigten Dichters bedienen, um seinen Nachruhm in der Welt auszuposaunen. Und unter diesen sind diejenigen die ersten, welche die letzten Dinge mit den lebhaftesten Farben zu schildern wissen. Es hat also sein würdiger fünfter Nachfolger in dem poetischen Lehramt der preußische Lucan, unser feurige Pietsch, der seine Laute auch schon bereits mit Dachens Harfe vor dem Thron des Lammes stimmet, ohne Schmeicheley unter dessen Kupferbild, obgleich erst siebenzig Jahr nach seinem Tode den Lobspruch ätzen können:

Ist nicht der theure Dach der späten Ehre werth,
Der durch der Sünder Herz mit Donnerstimmen fährt,
Der, wenn er vom Gericht, Tod, Höll und Himmel singet,
Sich über allen Ruhm der eitlen Dichter schwinget?
Jetzt steht er vor dem Lamm und rührt die Harfen an,
Sprecht, ob sein hoher Geist wohl höher steigen kann?

Gedanken, die eines Dichters würdig, der die Wunden seines blutenden Erlösers, die Lorrbeerkränze Eugens, die Palmen seiner Monarchen, und die Myrrthen und Cypressen seiner Freunde gleich feurig besungen.

Memel, die Preußische Grenzvestung, hat die Ehre der Geburtsort unsres Dachen zu seyn, wo Er 1605. den 29. Jul. gebohren worden. Sein Vater gleiches Namens, war ein Dollmetscher, oder Tolke bey den dortigen Gerichten. Seine Mutter war Anna, ein Lepnerin von Geburt, derer Großvater Bürgermeister in Memel gewesen, und fast noch einmal so alt geworden, als sein Urenkel. Zum wenigsten hat er länger gelebet als derselbe bereits gestorben ist. Dachens Seele zeigte schon in der Kindheit ein poetisch Genie. Er lernte eher

Verse machen, als er dazu angeführet worden, und die Music, diese Schwester der Dichtkunst, bemeisterte sich dergestalt der Seele unsers jungen Poeten, daß Er ohne Anweisung eine Viol-di Gamba spielete. Wie glücklich war unser Dach, daß Er einem Lehrer übergeben wurde, der auch ein Kenner und Liebhaber der Dichtkunst war. Peter Hagius, unsrer Cathedralschule Rector, dessen Lieder damals schon in der Kirche gesungen wurden, so wie sie jetzo nach beynahe anderthalb Jahrhunderten dasselbe Glück genießen, bekam unsern Poeten in seinem vierzehnten Jahr zur Unterweisung; und ein unruhiger aber nicht ungeschickter Conrector bey dieser Schule, Jeremias Nigrinus, der als Rector in Rostock gestorben, bekam die besondre Aufsicht über diesen jungen Ovidius. Ja eben unsere Cathedralschule, die, wenn sie auch nur einen Martin Chemnitius als ihren Rector aufweisen könnte, schon vorzüglich gnug wäre, sollte so glücklich seyn, die Jugend eines angehenden Dichters zu bilden, der ihr hernach selbst als Lehrer mit großem Ruhm vorgestanden, bis Er, wie Balthasar Boy, der dieselbe Conrectorstelle, und Conrad Vogt, der die Prorectorstelle bey unserer Schule bekleidet, Professor der Dichtkunst auf derselben hohen Schule geworden. Das Schrecken der Pest trieb Ihn wieder nach Memel, er kam aber bald von da wieder nach Königsberg zurück, weil Er einen Geburtsort der Wissenschaften seiner eignen Geburtsstadt vorzog. Martin Wolder, nachmaliger Pfarrer der Altstadt, nahm Ihn mit nach Deutschland. Es schien, daß Er auf fremden Musensitzen Blumen sammlen wollte, nur für sein Vaterland daraus einen Kranz zu binden. Drey Jahre studierte Er in Wittenberg gleichfals unter der Anführung eines Liebhabers der lateinischen Dichtkunst, des Rectors der Stadtschulen Johann Seegers. Er lernete hier durch seinen Wolder einen Hunnius, Balduin, Meisner und Schmidt kennen. Das Gymnasium zu Magdeburg öfnete unserm Dach eine größre Laufbahn und eine von ihm in griechischer Sprache geschriebene und vertheidigte Streitschrift, ist ein rühmliches Zeugniß von seinem auch dort verwandten Fleiße. Ja unsere Albertine hat in ihrem größern academischen Hörsaal eine Rede in griechischer Sprache über das Geheimniß der Geburt Christi bey dem Schluß seiner academischen Jahre von ihm mit Vergnügen gehöret. In der griechischen Dichtkunst gab Er keinen von denen beyden holländischen Anacreons, Grotius und Heinsius etwas nach. Und daß er auch die französische Sprache verstanden, zeigen unterschiedene aus derselben übersetzte Oden in der Sammlung des Alberti. Pest und Krieg, diese Zuchtruthen des zürnenden Gottes, trieben Ihn auch aus Magdeburg. Und bald hätte unser Liebling der Musen den Wallensteinschen Martissöhnen in die Hände gerathen können. Er flüchtete 1626. in die Mark nach Lüneburg und Hamburg und im Schooß der Thetis nach Danzig, von dannen Ihn die Weichsel den Armen des Pregels wieder überlieferte. Im ein und zwanzigsten Jahr seines Alters huldigte Er unsrer Albertine. Er hatte das Vergnügen durch seine Geschicklichkeit sich die Freundschaft eines Calovius, Thilo, Lienemann und Mylius zu erwerben. Geister, die unsere hohe Schule mit ihren Verdiensten geschmückt. Samuel Fuchs, der preußische Heinsius, der beredte Mund unserer Albertine ward sein Lehrer. Unser D a c h legte die Proben seiner Beredsamkeit sowohl auf der Canzel als auf der Catheder ab; wobey Er seine Laute auch nicht ungestimmt bestauben ließ.

Die Musen haben selbst keinen Brautschatz, weil sie sonsten alle Neune nicht unverheyrathet geblieben wären, sie können also ihre Liebhaber und Verehrer, auch durch nichts, als ihren angenehmen Umgang belohnen. Vielleicht würde Minerva glücklicher seyn, wenn sie eine Tochter der Danae wäre, als der Metis. Jene besuchte Jupiter im güldnen Regen, von dieser hat er nichts als Kopfschmerzen bekommen, und da die Minerva selbst schon geharnischt aus dem Gehirn des Jupiters hervorgesprungen, so ist es kein Wunder, wenn das sehr oft partheyische Glück lieber das Geräusch der Waffen, als die sanften Flöten der Musen hören mag. Die Armen müssen ihre Lorrbeern mehrentheils in den Schulstaub pflanzen. Unser Dach war lange vor hundert Jahren schon ein Beweis davon. Er mußte es vor ein Glück achten, daß Er die Kinder eines Kneiphöfischen Rathsherrn Christian Polikein zu unterrichten bekam, der Ihn zur Dankbarkeit 1633. zur vierten Collegenstelle an dieser Cathedralschule beförderte, welche Er nach drey Jahren mit dem Conrectorat verwechseln konnte. Hier genoß Er die gewöhnlichen Belohnungen der meisten Schullehrer. Bald druckte Ihn die Last der Arbeit zu Boden, bald marterten Ihn unverdiente Vorwürfe unbescheidner Eltern die mit ihren verzärtelten Absolons fein säuberlich wollten verfahren haben. Bald quälten Ihn die eignen Beschwerden dieses Standes. Bald war sein hitziger Eifer sein Pfahl im Fleisch. Ein geschickter Bayer, dem die Nachwelt die Lebensbeschreibung unsres Dachen zu verdanken hat und dessen Bild ich bloß in dieser Rede mit neuen Farben aufzufrischen mich unterstanden, ohne die Zeichnung im gringsten zu verändern; Bayer der selbst in Dachens Fußstapfen bey unserer Schule getreten, bis Petersburg ihn würdig geachtet, Ihn zum Lehrer seiner neugestifteten hohen Schule zu erheben; dieser unvergeßliche Bayer führet selbsten in dem durch den nachahmungswürdigen Fleiß unsres patriotischen M. Michael Lilienthals erläuterten Preußen ein lateinisches Gedicht an, worinnen Dach seinen Schulstand sehr lebhaft schildert. Die Rosen wachsen nur auf Dornen, und der bedornte Schulstand unsres geistreichen Dichters gab Ihm oft die Harfe in die Hand, wenn er sie gleich auch bisweilen bey den beschwerlichen Leichenbegleitungen an die Haberbergische Weiden anhängen muste. Man höret auf diesem Berge davor noch zu seinem fortdaurenden Andenken bey denen feyerlichen Leichenbegängnißen das Echo seiner Lieder erschallen.

Die Freundschaft ist ein solches Geschenk der Vorsicht, welches nur ihre Lieblinge erhalten. Denn eine rechtschaffene Freundschaft gründet sich auf ein rechtschaffenes Herz, sonst wäre ein Cartouche noch auf der Blutbühne von seinen Freunden errettet worden, die den Bund ihrer gottlosen Vertraulichkeit mit ihrem schelmischen Blut unterzeichnet! Es ist nur ein David und Jonathan, nur ein Damon und Pythias, nur ein Orest und Pylades in der Welt vorhanden gewesen, und ein Roberthin und Dach sollte der Stengel von diesem Kleeblatt heißen. Ein preußischer Obersecretarius Robert Roberthin, der ein Gelehrter von Profeßion heissen konnte, ob er gleich nicht den Namen führete, ein in seiner Art großer Geist, versüßte das Leben unsers verewigten Dach durch seine zärtliche Freundschaft. Kaum waren diesem großen Musenfreunde die Erstlinge der Dachischen Gedichte zu Gesichte gekommen, so suchte er Ihm schon durch einen freundschaftlichen Umgang die Zehenden seiner Dankbarkeit abzutragen. Sie opferten täglich den Musen gemeinschaftlich, bald lasen sie einen Poeten der alten oder neuern Zeit. Bald beurtheilten sie ihre eigne poetische Geburten. Bald muste London, Paris und Rom seine poetische Bürger ihrem Meisterrecht unterwerfen. Bald gingen sie in einer poetischen Begleitung aufs Feld und ergetzten sich an den ungeschminkten Schönheiten ewigdaurender Dichter. Roberthin zeigte insonderheit, daß seine Freundschaft seinem liebsten Dach so nützlich sey, so uneigennützig sie von seiner Seite gewesen. Christoph Eilardus, der fast der erste ordentliche Lehrer der Dichtkunst auf hiesiger hohen Schule zu nennen, weil seine Vorgänger nur bey dem Pädagogio gewesen, ging den Weg alles Fleisches, und wer war würdiger seine Stelle zu bekleiden, als Simon Dach? Der Preußische Oberburggraf Bernhard von Königseck war damals der Maecen der preußischen Musen und Roberthin schmeichelte unsern Horatz seinen Verdiensten gemäß so in die Gnade dieses schimmernden Gelehrten ein, daß Er das erledigte Professorat erhielte. Wie wenig Gelehrte haben solche Freunde und Gönner? Göttingen verehret noch in seinem von Münchhausen, so wie Leipzig ehedem an seinem von Manteufel, eine solche Stütze der Musen. Albertine hat sie in ihrem Finkenstein verloren und in ihrem von der Gröben wiedergefunden, und Dännemark siehet in seinem Friedrich Roms August, in seinem Bernsdorf seinen Mäcen. Wie glücklich ist es? Unser Dach genoß die Freyheit sein Amt so gleich anzutreten, ehe Er weder den Magisterhut erlangt noch gewöhnlicher maassen auf eine gelehrte Weise sich gezankt hatte. Er hielt den 1. November 1639 in demselben Jahr, worinnen Opitz, dieser große Verbesserer der deutschen Dichtkunst, zu Danzig an der Pest starb, im großen academischen Hörsaal unserer Albertine seine Antrittsrede und machte mit der Erklärung der Horazischen Dichtkunst den Anfang seiner poetischen Vorlesungen. Im folgenden Jahr wurde Er erst den 12ten April mit sechs andern Magister, worunter David Klug der berühmteste ist. Sein Arzt der D. Becker trug damals den academischen Purpur und der Logicus der Academie, Michael Eifler, der Vater der berühmten preußischen Sapho, Gertraud verehlichten Mollerin, war Decanus der philosophischen Facultät und setzte unserm Dach zugleich als Brabevta den Magisterhut auf. Den 18ten und 19ten October disputirte unser neue Magister doch nur in den Vormittagsstunden und nur über drey poetische Sätze. Tortolettus muste ihm den Grund zum ersten, Grotius zum andern, Strada zum dritten darbieten. Sein erster Satz behauptete, daß ein Dichter sich mit der Wahrheit beschäftigen müsse, und daß er deswegen für keinen Lügner zu schelten sey, wenn er gleich mit Erdichtungen umgehe. Sein zweeter Satz erhärtete, daß ein Trauerspiel nicht allemal einen traurigen Ausgang haben dürfe. In dem dritten endlich bewieß Er, daß ein rechtschafner Dichter nur keusche Vorwürfe sich aussondern müsse, und daß derjenige, der die Reinigkeit der Sitten befleckte, für keinen Dichter zu halten sey. So wahr, so entscheidend, so rein lehrete unser Dach. Die ganze Streitschrift war in einer reinen lateinischen Poesie dem Churfürsten Georg Wilhelm, seinem regierenden Landesherrn, zugeeignet. Dieses ist auch das einzige mal, daß Dach als Professor disputirt, zum Beweiß daß friedliebende Gelehrte auch in gelehrten Streitschriften keine Ehre suchen und daß viel disputiren eben so, wie viel predigen nur den Leib müde mache, den Geist aber wenig erbaue. Die öffentliche Vorlesungen unsers Professors der Dichtkunst sind dem Horatz, Seneca, Ovidius und Juvenal gewidmet gewesen. Doch er klagte schon damals über die Niederträchtigkeit vieler von seinen Zuhörern, die nur alles aus Liebe zum Gewinn, und nichts zur Aufheitrung ihres Verstandes allein lernen wollten. Dach genoß das Glück bey dem ersten Jubelfest der Königsbergischen hohen Schule in Gegenwart des grossen Churfürsten Friedrich Wilhelms und der Wittwe des grossen Gustav Adolphs, ein von ihm verfertigtes poetisches Schauspiel Sorbuisa aufgeführt zu sehen, und mit Dero hohen Beyfall begnadiget zu werden. So lächelt Jupiter mit einem holden Blick vom Olymp, den Apoll in den Wäldern Tessaliens zu hören und das Echo überliefert die Töne seiner Leyer dem Himmel. Fünfmal zierte unser Dach die philosophische Facultät als Decanus und einmal nemlich 1656, den academischen Senat als Rector Magnificus. Eris hatte unter die Mitglieder desselben, so wie es noch jetzo in denen meisten Collegiis bisweilen Mode ist, ihren Zankapfel geworfen, und man wählte anstatt eines Senators, den die Ordnung traf, den friedfertigen Dach zu seinem Oberhaupt ob er gleich noch nicht im Senat war.

Durch den Tempel der Tugend war unser verklärte Dichter, in den Tempel der Ehren gegangen, doch Hymens Tempel war ihm lange verschlossen geblieben, weil er nicht durch den Tempel der Venus in denselben gehen wollte. Dach drohete den Musen den Abschied, wenn sie ihm ferner in seinem Glück in der Liebe hinderlich seyn wollten. Endlich lachte ihn dieses Glück an, aber wie ein Frauenzimmer, falsch und freundlich. Die Tochter eines Leviten sollte kein Theil an unserm Opferpriester des Apollo haben, seine Anke von Tharau ward ihm abtrünnig und heyrathete einen andern. Es scheint, daß Dach die Ode: Es fing ein Schäfer an zu klagen etc. welche in Alberti Arien befindlich, auf diese Begebenheit verfertiget habe. Doch unser preußische Petrarch bekam an die Stelle seiner leichtsinnigen Phyllis, Reginam Pohlin eines hiesigen Hofgerichtsadvocaten und Samländischen Consistorialassessors Tochter zu seiner Laura. Der Geburtstag des Bräutigams, eben der 29ste Julius, der ihn vor 36 Jahren der Welt durch die Arme seiner Eltern überliefert, überlieferte ihn 1641 durch die Hand des Predigers den Armen seiner Braut. Sein Freund Stobäus, der preußische Arion, ließ bey diesem Fest seine Leyer erschallen, und Königsbergs Cicero, der beredte Thilo, legte, so wie Elbings Horatz, der sinnreiche Rathsherr Zamelius, die Opfer ihrer Freundschaft in ungeschminkten Glückswünschen ab. Acht Zweige sproßten aus dem Stammbaum unsers Dachen. Fünf Söhne und drey Töchter waren die Früchte seiner Liebe. Christoph, sein erster Zweig, ist sehr frühe nemlich 10 Monathe nach seiner Geburt verdorret. Seine älteste 1646 den 28 Nov. geborne Tochter Regina ward 1664 den 24 November an den Jagdsecretarius und Canzelleyverwandten

Abraham von Bergen, die jüngste 1652 den 8ten April geborne Tochter Sophia zuerst an den Pfarrer in Zinten M. August Mauritius 1676, hernach an den Oberholzschreiber, Johann von Bergen, (der 1692 mit Tode abgegangen), die Erste fünf, die Dritte siebenzehn Jahr nach Dachens Tode verheyrathet. Die Mittelste hat, wiewol ohne Erben, einen Schüler des Aesculap, den D. Georg Fridrich Wagner zur Ehe gehabt, der erst Physicus in Tilse gewesen und als Professor Med. Ord. in Königsberg 1709 gestorben. Sein zweeter Sohn Simon, geboren den 18 October 1643 starb im hohen Alter zu Bladiau. Der Dritte Roberthin war 1643 den 15 Merz geboren und ein Vertumnus in der Religion, heyrathete 1686 im Januar die Tochter des Altstädtschen Caplans, Christoph Schröders, Elisabeth, ging zweymal zum Pabstthum über und starb im hohen Alter im Kloster. Der Vierte, Christian, spielte mit ziemlich reinen Tönen auf der Flöte seines Vaters. Dieser soll einigen Nachrichten nach erst 1725 gestorben seyn, andere wollen behaupten daß ihn Friedrich Wilhelm der Grosse wegen seiner ungemeinen Fähigkeit zur Music, nach Berlin genommen, und in den Baronenstand erhoben, und daß er daselbst einer Braut zu gefallen sich schlagen müssen und im Duell geblieben, wiewol einige den Schauplatz dieser traurigen Scene nach Italien setzen. Der Jüngste von Dachens Söhnen, Johann, ist 1650 den 22 May geboren und 1651 den 3 Sept. gestorben. Alle Söhne haben keine Erben nachgelassen, daß Dach also die Unsterblichkeit seines Namens sich allein und keinem von seinen Nachkommen zu verdanken hat. Alle diese Kinder, waren von unserm Dichter von Kindheit auf zur Music angeführet worden und wurden oft nach Hofe geruffen, woselbst sich der Grosse Friedrich Wilhelm an ihrem Gesang und Spiel ergötzte. Dach war selbst ein so grosser Liebhaber der Tonkunst, daß er keinen Verächter derselben leiden konnte, indem er glaubte, ein junger Mensch der an der Music kein Vergnügen fände, müste in niederträchtigen Dingen seine Lust büssen. Und diese glückliche Neigung scheinet auf die mehresten von seinen Nachkommen bis auf den heutigen Tag fortgepflanzet zu seyn. Von den Uhrenkeln unsres Dachen lebet aus der Rommelschen Linie ein treuer Diener des Evangelii bey der Gemeine zu Labtau und zwo von seinen Uhrenkelinnen sind alhier verheyrathet gewesen und leben noch zur Ehre ihres Eltervaters aus der Moritzschen Linie hier in Königsberg in ihrem Witwenstande, wovon die eine unsern zu einem bessern Glück in der Ewigkeit beförderten geschickten Herrn Professor Carl Henrich Rappolt, einen grossen lateinischen Dichter, die andre aber den den Seinigen zu früh entrissenen und um die Gerichte dieser Stadt wohlverdienten Herrn Gerichtsadvocat Jester zur Ehe gehabt, beyde aber mit noch lebenden Erben von beyderley Geschlecht, den Stammbaum unsers Dachen gezieret und ausgebreitet. Die ihrem Dach getreue Pohlin überlebte ihren Mann und starb 1685 den 24 Junius. Ein Staar hatte ihr das Licht ihrer Augen geraubt, aber ein geschickter Arzt stach denselben, und ein von ihrer eignen Hand an ihre Tochter geschriebner Brief mußte diese dadurch in ein unerwartetes Vergnügen setzen. So sehr begierig unser Dach vorher gewesen das ihm so lange unbekannte Glück der Liebe zu geniessen so finde ich doch Spuren in seinen Gedichten, daß Er auch einen Beweiß in diesem Stande von der Wahrheit abgegeben, daß die Hofnung besser sey wie der Genuß.

Ich haben Ihnen bisher meine Herren, die Hausehre und das Hauskreuz unsers Dachen geschildert, es sey mir jetzo erlaubt auch an sein Haus selbst mit wenigen zu gedenken. Es gereichet dem Kneiphöfischen Magistrat zum besondern Ruhm, daß Er die Verdienste unsers Dachen schon bey seinen Lebzeiten zu schätzen gewust, und Ihm auf

Lebenslang eine freye Wohnung in unserer Magistergasse nicht weit vom Honigthor gegeben, wo Er Seinen Garten gleich über gehabt. Man hat zwar diese in das erleuterte Preussen gerückte Nachricht auf Veranlassung des eignen Sohnes unsers Dach, der solches geleugnet, in den *Actis Borussicis* wiederruffen, ich bin aber im Stande den undankbaren Sohn durch seinen dankbaren Vater zu widerlegen, da ich in meiner eignen Sammlung der Dachischen Gedichte ein gedrucktes Zeugniß davon besitze. Wenn auf dem Grabe Virgils noch jetzo Lorbeerzweige wachsen, womit noch vor wenig Jahren der größte Held seiner Zeit durch die jetzo schon vermoderte Hand seiner durchlauchtigen Schwester gekrönet worden; so dünket mich, es sprosset aus dem Grabe unsers preußischen Virgils noch ein ewig frischer Lorbeer hervor, das grünende Andenken auch dieser in seinem Leben von dem Königsbergischen Magistrat genoßnen Wohlthat zu krönen. Denn ein zärtlicher Dichter kann nicht undankbar seyn, und die gerechte Nachwelt windet auch Kränze für die Wohlthäter der Lieblinge des Apollo, wenn sie auch gleich erst ihre Urnen damit bezieren sollte. Der Neid pflegt mehrentheils ein Begleiter der Verdienste zu seyn und unser Dach genoß auch die Ehre beneidet zu werden. Doch eben dieses erhob ihn desto mehr. Er stieg, wie ein Palmbaum unter der Last, empor. Wagte sich ein Zoilus an ihn, der ihm alle Fähigkeit in der lateinischen Dichtkunst absprechen wollte, so beehrte er ihn dafür mit der schönsten Satyre in der Sprache Juvenals. Ob ihn gleich seine im grössern academischen Hörsaal unserer Albertine schon 1631 bey der Gedächtnißfeyer der Geburt Christi in lateinischen Versen abgelegte Rede von diesem Verdacht hätte frey sprechen können. Und ein vertrauter Briefwechsel mit den größten Männern seiner Zeit machte auch die Pfeile des Neides stumpf.

Preussens Ennius bildete seinen Geschmack nach den größten Mustern der Alten, er muste also auch glückliche Proben seiner Nacheiferung an den Tag legen. Er ahmete dem Virgil, Ovid, Catull und Horatz so genau nach, daß er ihnen zuweilen an Schönheit und Fertigkeit wenig nachgab. Bald laß er einen feurigen Lucan, bald einen verwegnen Statius, bald einen gottseligen Sannatzar, bald einen zärtlichen Petrarch, bald einen scherzhaften Erasmus, bald einen lyrischen Sarbievius, bald den mit einer dreyfachen Krone geschmückten Pabst Urban den Achten. Homer, der Virgil der Griechen, Euripides, Griechenlands Plautus, Aristophanes, der griechische Terenz und Plutarch, ihr Seneca, lagen beständig um ihn. Baudius und Barläus waren seine Lieblinge, Scaliger, Heinsius und Grotius seine Freunde. Wie heroisch sind nicht seine Gedichte auf die polnische und brandenburgische Sigismundos gerathen? Wie rührend hat er den Bau der Sackheimischen Kirche besungen? Wie Mitleidsvoll rührt er seine Harfe auf die Entleibungen eines Copperius und Schulz? Auf welches letztern Entleibung er das Lied verfertiget: Was soll ein Christ sich fressen? Wie strafte er nicht die christichen Kornjuden bey der 1651, ohngeachtet des fruchtbaren Jahres, entstandnen Theurung? Wie mahlerisch ist seine Beschreibung des Moscovitischen Saales und des Lochstädtschen Rosenbusches, dem er ein Nachtlager der Venus zur Geburtsstädte giebt, welches die Gracien aus Rosen zubereitet hätten, und die zum Andenken liegen geblieben und noch auf diesen Tag da zu finden wären. Doch der gute Homer schlummert bisweilen, und wer wird es unserm Dach verdenken, daß Er auf ungestimmten Saiten bisweilen spielen müssen, da Er öfters genöthiget worden bey jeder Begebenheit Amtshalber Verse zu machen. Er leget selbst von sich das aufrichtige Zeugniß ab, daß das Feur bisweilen in ihm so stark aufloderte, daß ihm die Ader zerspringen möchte, bisweilen schien sein Blut so kalt, als wenn es starren, oder ihn verlassen wollte. Er lobte insgemein mit einer anständigen Bescheidenheit die Verdienste, und strafte mit einer vergönnten Freyheit die Untugenden. GOtt und die Tugend waren die meisten Vorwürfe seiner Lieder, und eine lebhafte Betrachtung der Sterblichkeit, wozu es ihm nie an Gelegenheit fehlte, schien seine angenehmste Beschäftigung zu seyn. So sproßte mitten unter den Cypressen sein unverwelkender Lorrbeer hervor. Achillens Ruhm wäre längst, so wie sein Körper, vermodert, wenn nicht ein unsterblicher Homer das Andenken dieses Helden verewiget. Und Preussens Homer genoß von dem preußischen Adel, der mehr als einen Ulysses und Hector vorzeigen konnte, eine seinen Verdiensten gemäße Hochachtung und Belohnung. O daß doch die Großen und Reichen dieser Welt bedenken möchten, daß sie ihren Nachruhm und ihr Vergessen bloß den Gelehrten zu verdanken hätten, so würden sie diese nicht so oft über die Achseln ansehen, denen die Nachwelt noch Ehrensäulen setzt, wenn die ihrigen längst umgefallen sind. Ja so wie der gröste Weltbezwinger, der große Alexander, wünschte, daß er zu den Zeiten des Homers gelebt hätte, so verlangte mancher fremde Held seine Unsterblichkeit durch die Flöte unsers Dach zu erhalten. Er konte mit Recht sagen, daß ihn Schweden, Hessen und der Rhein nährete. Die würdige Gemahlin des heldenmüthigen Gustav Adolphs, Maria Eleonora, begnadigte unsern Dichter mit ihrer Achtung, und so lange sie sich in Königsberg aufhielt, muste Dach fast beständig um sie seyn. Die gelehrte Königin Christina, die auch eine Krone großmüthig verschmähen konte, die durch das kluge Haupt, was sie getragen, mehr Schimmer erhalten, als die Brillanten, die ihre Strahlen auf dasselbige geworfen, diese königliche Zierde ihres Geschlechts ließ unsern Dach mit andern Gelehrten gleiche Gnade geniessen. Der Herzog von Curland und seine Gemahlin Ludovica Carolina, der Landgraf Wilhelm von Hessencassel und die Fürstin Hedwig Sophia, ja selbst der König in Pohlen Uladislaus, dessen Vermählung Dach besungen hatte, waren die Auguste und Livien unsers Horatzen. Friedrich Wilhelm der Große konnte so gar viele Verse unsers Dachen auswendig, so sehr liebte dieser Brandenburgische Mars unter dem Geräusch der Waffen die reizerfüllten Gesänge seines Barden, und niemals besuchte er sein getreues Königsberg, daß er nicht unsern Orpheus mit seiner Euridice nach Hofe hätte kommen lassen. Ja er kannte die Schreibart unsers Dachen so wol, daß er sogleich einen Vers von dessen Feder, auch ohne Namen von andern unterscheiden konte. Dach verehrte diese Gnade mit dem tiefsten Dank, er vergalt sie aber mit keiner Schmeicheley; die Verse auf den Wahlspruch des Churfürsten sind ein Beweis davon. So erhaben ist ein rechtschafner Dichter daß er die nackte Wahrheit höher hält, als die Purpurdecken der Fürsten.

Ein vielleicht bey den Deutschen bloß aus der Reimsucht entstandnes Sprichwort will behaupten, daß die Poeten öfters Propheten sind, da ohnedem Rom für beyde nur einen Namen erfunden hat. Auch unser Dach konnte weissagen. Er schickte, ehe der Prinz Carl Aemil geboren ward, an den Chufürsten einen Vers, worinnen er ihm zu der Geburt eines Prinzen glück wünschte. Und die Post überlieferte dieses Schreiben an eben dem Tage dem Hofe, als die Churfürstin mit einem Prinzen niederkam. Er konnte also mit größerm Recht dem Großen Friedrich Wilhelm, als sein Nachfolger der schimrende Pietsch, dessen königlichen Enkel gleiches Namens zuruffen:

Laß, ich beschwere dich bey deines Prinzen Wiegen,
Mein grünes Lorbeerblatt an seinem Haupte liegen.

Seinem David weissagete dieser Assaph, daß er im hohen Alter erst durch seinen Tod die Augen seiner Unterthanen unter Wasser setzen würde. Friedrich dem Ersten prophezeyhete er die Regierung, da seine ältern Brüder noch lebten, und ein sinnreicher Johann von Besser, der preußische Ceremonienmeister und Dichter, gedenket hiebey unseres Dachen. Der liebenswürdige Friedrich Wilhelm ward so durch obige Ode gerührt, daß, da Ihn der mit wenigen vergnügte Dach um etwas Acker bath, der großmüthige Churfürst Ihm das Gut Kuykeim im Amt Caymen, von eilftehalb Huben zu seinem Tarent schenkte, welches damal schon fast 2000. Thaler an Werth geschätzet wurde, so seine Erben auch ungestöhrt besessen, biß es von Dachen Tochter, der Oberholzschreiberin von Bergen verkauft worden.

Dach spielte besser auf der Harfe des Davids, als auf der Leyer des Orpheus. Ich will sagen, seine geistliche Oden behalten den Vorzug vor seinen weltlichen Gedichten. Die ersten werden allemal Meisterstücke bleiben, und die ungereimte Ausbesserungen eines Lemgoschen Johann Ballerhorns verdienen die Züchtigung des Momus, so wie die unverbesserliche Melodeyen eines Stobäus und Alberti, der Freunde des Dachen, die Lobsprüche des Apolls, ohngeachtet auch diese sich den lächerlichen Künsteleyen närrischer Notenkrämer haben unterwerfen müssen.

Die sogenannte Disposition der Gedichte, hat unser Dach sehr wohl mit einer poetischen Freyheit beobachtet, ohne sich durch die Ketten der Pedanterey anschnüren zu lassen, die oft mit der schönsten gemißbrauchten Methode nichts mehr sagen, als was andere Leute vor ihnen, und unwissend auch für sie, gedacht haben.

Wer da weiß, daß die Lorrbeerkränze im vorigen Jahrhundert so leicht zu erwerben gewesen, daß mancher sich als ein gekrönter Dichter bey jeder Fischbrücksode unterschrieben, der würdiger gewesen wäre mit Hasenpappeln gekrönet zu werden; wem sogar bekannt ist, daß mancher Poet bey der Unterschrift seines Namens zu mehrerer Sicherheit den Titel: Ein ungekrönter Dichter, beygesetzt, der wird es dem, seiner andern Verdienste wegen verehrungswürdigen Mencke, diesem Philander von der Linde, kaum vergeben, daß er so leichtgläubig gewesen, und unserm Dach die Schwachheit zugetraut, daß derselbe allezeit einen Lorrbeerkranz getragen. Er hätte vieleicht an seinem Ort eher einen poetischen Charletan finden können, der sich mit Lorrbeerblättern zu schmücken gewohnt ist, wenn er sie auch gleich aus der Küche holen sollte, um die Anzahl seiner gelehrten Marktschreyer zu vergrößern, ohne die Asche unsers Dach in Preussen zu stöhren. Das beste ist, daß Er seinen Fehler erkannt, und ihn in der zwoten Auflage seiner Charlatanerie öffentlich wiederruffen. Und desto sicherer kann das Bild unsers Dach jetzo, ohne zu erröthen, noch nach hundert Jahren, mit einem Lorrbeerkranze prangen.

David hatte seinen Jonathan auch in der Fremde, und unserm Dach fehlte es gleichfalls daran nicht. Denn ein zärtlicher Dichter ist allemal ein zärtlicher Freund. Deutschlands Cicero, August Buchner, und Rostocks Ovidius, Andreas Tscherning, waren Freunde unsers Dachen. Und unter diese konnte Er auch einen Conrad Thamnitz, Johann Rist, Philipp von Zeesen, einen Schävius und Titius, den Plinius von Danzig zählen. Ja der große Verbessrer der deutschen Dichtkunst, Martin Opitz, dieser Boberschwahn, war gleichfalls Dachens Freund. Er besuchte Ihn 1638. zu Königsberg. Man brachte Ihm den 29. Julius am Geburtstage des Dachen, eine Musick, die Dach verfertigt, und Alberti in Noten gesetzt. So verehrte auch unser Königsberg die Verdienste dieses flüchtigen Ovidius. Doch der Tod trennte bald diese Freunde, und Dach mußte diesem

Herold des Verhängnisses in seinem geliebten Roberthin noch ein Opfer dargeben. Roberthin, der unsern Dach, als Er Professor geworden, ein ganzes Jahr in seinem Hause mit einem freyen Tisch unterhalten, mußte selbst eine Speise der Würmer werden. Dach wurde durch diesen Todesfall so niedergeschlagen, daß Er bey ohnedem kränklichen Umständen in Lebensgefahr gerieth.

So schmettert der Blitz einem Reisenden seinen Begleiter von der Seite weg, und er bleibt starr bey der frischen Leiche stehen, biß er selbst aus Ohnmacht über ihren noch lauen Aschenhügel fällt. Drey Jahre nach einander besang Er den Sterbetag seines verewigten Freundes öffentlich, und die durch diesen Tod geschlagne Wunde blutete biß an sein Ende. So girret die Taube um ihren entrißnen Gatten, so schläget die Nachtigall vergebens an, und klaget ihren Freund, und locket das Echo, der Wald antwortet, aber ihr Freund nicht. Welt und Nachwelt bewundern auch hier an unserm Dach den zärtlichsten Pylades. Heinrich Alberti war der dritte Freund, den unser Dach verlohr. Der berühmte Joachim Pastorius, dieser polnische Florus, eignete unserm Dach, nebst seinem Freunde, dem beredten Thilo, das sechste Buch seiner poetischen Wälder zu, und nennet diese preußische Gelehrte darinnen Männer von großem Rang in dem Rath des Apollo. Die Prorectores der Altenstadt, Johann Baptista Faber, und Christoph Caldenbach, der nachmals seinem Vaterlande auch in der Fremde als Professor Ehre gemacht, waren Freunde unseres Dachen. Sie hielten gelehrte Zusammenkünfte, und gaben sich darinnen besondere Beynamen, die zum Theil aus ihren Geschlechtsnamen anagrammatisch heraus gebracht waren. So hieß Robertin Berinto, Simon Dach, Chasmindo und Sichamond, Alberti Damon, Faber Sarnis, Caldenbach Celadon und Lycabas, Adersbach Barchedas. Vieleicht ahmten sie hierinnen der damals entstandnen Fruchtbringenden Gesellschaft nach, bey der es Mode war, daß die Mitglieder ihre Namen veränderten. Sie hielten ihre Versammlungen bald unter einander, bald bey dem Königsbergischen Aesculap, dem D. Tinctorius, der sie an Vermögen übertraf, bald bey dem seines Alters und vortreflichen Eigenschaften wegen ehrwürdigen Michael Adersbach, einem würdigen Vater des Andreä, gleiches Namens, ihres Gesellschafters. Zu diesen gesellten sich als außerordentliche Mitglieder bisweilen der wohlbereisete Hoffsecretarius, Christoph Martini, der scherzhafte Rotger zum Bergen, den die akademische Leichenintimation *Ictum, Polyhistorem et Poetam celeberrimum* nennet, der scharfsichtige, obwohl blinde, M. Schönberger, und der vortrefliche Gottesgelehrte D. Abraham Calovius, biß er die Lehrstühle von Königsberg verließ. So sahe man hier den grünenden Parnaß, den Apollo, die Musen. Bald ward in diesen Zusammenkünften nach Art der Dichter bey denen Alten etwas abgelesen, bald höreten sie etwas absingen, bald richteten sie selbsten eine Musick an, bald gaben sie sich unter einander etwas zu machen oder nachzuahmen auf. Gewiß, wenn Plato, so oft er die philosophischen Lehrstunden besuchte, in der Gesellschaft seiner Götter zu seyn glaubte, und daselbst mit Ambrosia gespeiset, und mit Nectar getränket zu werden, sich einbildete, so würde man es dieser gelehrten Gesellschaft keinesweges verdacht haben, wenn sie sich überreden lassen in den elisäischen Feldern, das reine Vergnügen der verklärten Geister zu genießen. Scherz und Ernst boten in diesen Zusammenkünften gesellschaftlich einander die Hand. Eine Probe vom ersten, kann das feyerliche Leichenbegängniß eines Hundes, des vergnügten Rotger zum Bergen abgeben, eines Hundes, der vieleicht an Treue manchen Menschen beschämt hat. Auf diesen Liebling seines Herrn, dessen Nachkommen der ehrwürdige

Neumeister, der feurige Hamburgische Zelote in seinen noch unbemäntelten Jahren, eine poetische Myriade geweyet, findet man die Leichengedichte der Jesuiten von Braunsberg, und die Poesien eines Joachim Pastorius, Simon Dach, Michaels Eiflers, Valentin Thilo, Sigismund Pichlers, des Moralisten unserer Albertine, Balthasar Vaid, eines gekrönten Dichters und Pfarrern in Elbing, des Brandenburgischen Rentmeisters, Fabian Calovius, des Rectors Stephan Müllern, des Prorectors Christoph Caldenbach, und des Königlichen Secretairs Rotger zum Bergen, seines Herrn, der zugleich, diese in vier Bogen bestehende Klaggedichte, in dem zierlichsten Latein dem Joachim Pastorius zugeeignet. Einen Beweiß vom letzteren finden wir in den von dieser preußischen fruchtbringenden Gesellschaft verfertigten rührenden geistlichen Gesängen, die besonders Triumphslieder über den letzten Feind könnten genennet werden. So ist das sinnreiche Lied: Es ist gewiß eine große Gnad etc. nebst der einnehmenden Melodey aus der geistreichen Feder des Kneiphöfischen Kirchenmusici, Johann Stobäus, geflossen, auf dessen 1646. erfolgten Tod Dach unter andern schreibet:

Seelig hab ich mich zu preisen,
Mich und mein geringes Spiel,
Daß er meiner Lieder viel
Hat beseelt mit seinen Weisen,
Welches mir die Ehre bringt,
Daß mich ganzes Preussen singt.

Und der vortrefliche Paulinische Gesang: Einen guten Kampf hab ich auf der Welt gekämpfet etc. hat gleichfalls mit der Melodey, den Kneiphöfischen Kirchenmusikus, Heinrich Alberti, zu seinem Urheber. Ja was soll ich von so vielen Meisterstücken der Dachischen Muse sagen? Wie viel Gelassenheit blickt in dem Liede: GOtt herrschet und hält bey uns

Haus etc. aus jeder Strophe hervor? Wie viel Feuer lodert in dem Gesang: Ich steh in Angst und Pein! durch den ein großer Neidhardt, Preussens Amphion, so gerühret worden, daß er ihn in einer stillen und dunklen Nacht, die der Blitz erleuchtet, und der Donnerknall unruhig gemacht, in die rührendste Melodey gesetzt, und fast dadurch bewogen worden, aus einem schnaubenden Saulus, ein erbauender Paulus zu werden. In dem Liede: Du siehest Mensch, wie fort und fort, der eine hie, der andre dort, uns gute Nacht muß geben etc. ist ein geistlicher Gerichtsproceß geschildert. In dem Psalm: HErr, wir wallen sämmtlich dir etc. stellet Er die Pilgrimmschaft des menschlichen Lebens vor. In dem Liede: War dieses nicht mein Hoffen? mahlet Er eine weltmüde Seele. In der Ode: O wie seelig seyd ihr doch, ihr Frommen! locket Er seine Mitbrüder durch die Vorstellungen der frohen Ewigkeit von den Eitelkeiten dieser Welt ab, und flößet ihnen Begierden des Himmels ein. In den Päanen: Seelge Ewigkeit! etc. und Schöner Himmelssaal! etc. sah Dach, doch in ruhigern Umständen, wie Stephanus, den Himmel offen. In der Ode: Was willt du armes Leben, dich trotziglich erheben? ist ein Abschiedslied an die Eitelkeit, eine lebhafte Schilderung und eine großmüthige Verschmähung derselben enthalten. Ja, wo würde ich ein Ende finden, meine Herren! wenn ich alle Psalmen unsers Dachen zergliedern, oder auch nur nennen wollte? Sie sind mehrentheils alle Meisterstücke, und weder die Barden der Alten, ein Gerhard, Rist, Franck und Röling, noch die Druiden der Neuern ein Schmolck, ein Gellert, ein Klopstock, haben Ihn übertroffen. In den meisten, (ferne sey es von mir, daß ich sie alle gleich schätzen sollte) in den meisten findet man, wenn es mir erlaubt ist, mein Urtheil zu fällen, mehr Kunst, als Natur, und das darinnen gleischende Feuer scheinet mehr durch die Fackel des Prometheus, als durch das Licht der Sonnen angesteckt zu seyn. Es giebt mehr

Ovide als Horatzen. Und was soll ich von den Zinzendorfischen Abentheuern sagen? Romanzen sind es, nicht Psalmen, und ihre Sulamith irret so lange zwitschend herum, biß sie in die Höle der Dido geräth. Welch ein Bombast herrschet darinnen? Wenn unser Dach nur das einzige Lied: Ich bin ja HErr in deiner Macht etc. das Er seinem geliebten Roberthin zu Ehren geschrieben, verfertiget hätte, so würde man Ihn hieraus allein schon als einen großen Dichter bewundern müssen. Es ist bekannt, wie der fromme Spener, der größte Heraldicus und große Theologus unserer und seiner Zeit, sich das Vergnügen gemacht, alle Sonntage dieses Lied mit den Seinigen zu singen, daher auch sein Sohn, vieleicht bloß aus Liebe zu seinem Vater, eine Parodie darauf gemacht, die aber in einem ganz andern Geschmack, und in der Spenerschen Schreibart geschrieben, die allein von diesem großen Mann nicht nachahmungswürdig ist. Was sind nicht vor vortrefliche Stellen in diesem Liede? Dach verehret in der ersten Strophe, mit David, den GOtt, in dessen Händen die Zahl seiner Monden stehet, und erkennet ihn in der zwoten, als den einzigen Beystand in Todesnöthen. In der dritten Strophe siehet Er sich gleichsam selbst auf seinem Sterbebette vor sich liegen. Er höret in der vierten die Posaune des Gerichts erschallen, und siehet seine Ankläger, sein Gewissen, das Gesetz und die ofne Hölle. Er betrachtet in der fünften, mit Hiob, seine Freunde, ja alle Menschen, als leidige Tröster. Er giebt in der sechsten voll Glaubensfreudigkeit dem Verkläger des menschlichen Geschlechts seine Abfertigung. Er siehet in der siebenden seinen Erlöser als seinen einzigen Freund, Fürsprach und Bürgen an, und lachet in der letzten aller Angst und Noth, es mag Gesetz, Höll oder Tod auf ihn herdonnern oder blitzen. Wahrlich, wenn das nicht feurig heißt, so fühlen sehr wenig Dichter den Einfluß des Himmels; denn die Reimschmiede trinken ohnedem nur aus dem morrastigen Sumpfe der Pimpla, ohne die reinen Quellen der Hypocrene zu schmecken. Wenn es doch unsre so häufige anacreontischen Dichter wagen möchten, den Vorwurf ihrer Lieder zu ändern, sie würden einsehen, daß es schwerer sey, unserm Dach, als ihrem Anacreon, nachzuahmen, und viel leichter Schäferähnlich zu tändeln, als Virtuosenmäßig zu singen. Bald hätte ich mich verleiten lassen, meine Herren! aus Liebe zur Vertheidigung der Wahrheit, bey meinen vieleicht überflüßigen Betrachtungen, die gelehrte Zusammenkunft unsers Dach mit seinen Freunden zu vergessen, und den Faden seiner Lebensgeschichte eher abzuschneiden, als Atropos, die ihn ohnedem zu früh zerschnitten, oder vielmehr in das Gewebe der Unsterblichkeit verflochten hat. Die göttliche Vorsehung, die Hülfe des Höchsten in der Noth, die Natur der Kräuter und anderer Geschöpfe, ja die zum Theil weitläuftige Reisen unserer Gesellschafter mußten überdem den Stoff zu ihren gottseeligen, gelehrten, vergnügten und freundschaftlichen Unterredungen abgeben. Und vieleicht hätte ein redlicher Gotthold, oder vielmehr Scriver, wenn er ihnen zugehöret, hier noch manches hundert zufälliger Andachten sammlen können, ohne seinen Witz öfters ängstlich gnug auf die Folterbank zu schrauben. Heinrich Alberti, von dem Simon Dach schreibet:

> Mein' Arbeit zog durch deine Weisen,
> In Wahrheit neue Kleider an;

lehrte seine Freunde einmal im Garten bey dem hinfallenden Schmuck der Blätter noch auf eine besondre Art an ihre Sterblichkeit gedenken. Er nützte seine Kürbisse besser als ein träger und hochmüthiger Jonas. Er hatte jeden von denselben mit dem Namen eines seiner Freunde, und einigen ihm besonders zugeeigneten Sterbegedanken bezeichnet. Diese Erfindung erwarb sich so unvermuthet den Beyfall des Roberthin, daß er unter diesen Kürbißhütten dieselbe Verse abmusiciren ließ. Ja sowohl Dach als Alberti, haben in dieser Sterbegesellschaft, den Tag ihres Abschiedes ziemlich genau vorher gewußt. So dankbar war der Tod gegen seine Freunde.

Der Apfel der Eris kann niemanden süß schmecken, außer denenjenigen, die sich seiner anstatt eines Balles zum Spielen bedienen, den die unterliegende Parthey bezahlen muß. Und er ist für niemanden saurer und unangenehmer, als für die Dichter, die den mit der Hypocrene vermischten Nectar, einer ruhigen Zufriedenheit zu trinken gewohnt sind. Unser friedfertige Dach war ein abgesagter Feind von allen theologischen Streitigkeiten. Er unterhielte mit allen Partheyen eine ungestöhrte Freundschaft. Er schätzte jeden nach seinen Verdiensten, und bereuete sogar auf seinem Sterbebette, daß Er manchen unwürdigen Menschen, wiewohl unwissend, gelobt hätte, weil man ihm lügenhafte Zettel ins Haus gebracht, wornach Er sich richten müssen. Und freylich hat ein Dichter in diesem Stück ein gleiches Schicksaal mit einem Zeitungsschreiber. Seine Flöte muß bisweilen, wie die Trompete der Fama, Unwahrheiten, anstatt Wahrheiten, bekannt machen, wenn ihm sein Gewissen nur allemal das reine Zeugniß giebt, daß sie keine Schmeicheley hinein gehaucht habe. Ja Dichter zeigen öfters nicht wie die Leute sind, sondern wie sie seyn sollen. Dachens Zunge war weder unbedachtsam gelöset, noch heimtückisch gebunden. Er ward für ein Muster einer ungeschminkten Redlichkeit gehalten. Er liebte die Religion mit aller Aufrichtigkeit, und haßte die Irrthümer mit aller Standhaftigkeit. Den Haß, der Wahrheit wegen, ertrug Er mit Lust, die Zänkereyen hörte Er mit Widerwillen an. Ja Großmuth und Gelassenheit küßten sich in seiner edlen Seele. So war der schöne Character des Dachischen Geistes gebildet. Doch dieser güldene Apfel, lag eben in keiner silbernen Schaalen. Unser Dach war seinem Leibe nach zwar kein Socrates noch Aesop, aber auch kein Absalon. Doch hatte Er dafür auch keine zanksüchtige Xantippe zu seiner Gemahlin, noch einen zornigen Xanthus zu einem Befehlshaber. Er war hager, und von mittelmäßiger Größe. Ein ungeschmücktes Haar, floß von dem Haupte dieses Preußischen Phöbus, in natürlichen Locken herunter. Ein holder Ernst, spiegelte sich in seinem Antlitz. Eine gelaßne Seele blickte aus jeder Miene hervor. Die Dichterglut gleischte aus seinen funklenden Augen, durch mehr als einen Strahl. Eine anständige Sittsamkeit spielte aus seinen Geberden. Seine Kleidung war seinem Stande gemäß, doch ohne Ueberfluß. Philipp Westphal, der Königsbergische Apelles damaliger Zeit, hat sein Bildniß gemahlt, welches noch eine Zierde unserer von Wallerodtschen öffentlichen Büchersammlung ist, und jetzt durch die Güte ihres Hochehrwürdigen Oberaufsehers auch auf unsere heutige Versammlung herabzulächeln scheinet. Unser Dach liebte, wie die dichterischen Schäfer Arcadiens, die freye Luft, und ein sorgenfreyes Feld. Sehr oft vergnügte sich unser Dach in Brandenburgs Fluren bey seinem Georg Mylius, dem Verfasser des unvergleichlichen Liedes: HErr, ich denk an jene Zeit etc. Im Winter spazierte Er auf der glatten Decke des Pregels, im Sommer in dem angenehmen Fischhäusischen Hayn, und fast nie ohne seine Flöte. Als der Würgengel bey der großen Pest über Preussen sein Schwerdt gezucket hatte, zog Dach auf das inständige Bitten des Preußischen Adels immer vor ihm her, und durchreisete bey dieser traurigen Gelegenheit, ziemlich vergnügt und gelassen, fast sein ganzes Vaterland. Doch hatte Ihn gleich der Würgengel verschonet, und seinen abwechslenden Parnaß für Arachnens Tenne angesehen, so verschonte Ihn doch nicht der Engel des Todes, sondern kam mit Riesenschritten auf Ihn zugeeilet. Zweene fürchterliche Vorbothen, die Schwindsucht und die Hypochonder schickte er voraus. Doch Dach hatte lange zuvor schon sein Haus bestellet, ehe diese Propheten ankamen. Schon lange vorher hatte Er gesungen:

Sonne, was verzeuchst du viel,
Fleuch mit deinem Waagen,
Kommt ihr Stunden, bringt mein Ziel
Mit euch hergetragen!

Die Schularbeit hatte schon seinen Körper entkräftet. Dies ist die gewöhnliche Belohnung der Treue rechtschafner Männer, so die Kräfte des Geistes junger Bürger des Staats auszubessern und zu stärken bemüht sind, daß sie ihre eigne Kräfte dabey schwächen, und ihre zerbrechliche Hütte baufälliger machen. Von dieser Krankheit erhohlte sich unser Dach nicht. Diese Harpyge konnte niemand verscheuchen, und seine Harfe selbst tönete bisweilen zu leise, um den bösen Geist der Schwermuth zu übertäuben. Im Jahr 1641. war Er schon in Lebensgefahr. Der durch die geschickte Cur des Preußischen Messerschluckers in ganz Europa bekannte D. Daniel Becker, und der liebreiche Medicinapothecker, Caspar Panzer, hielten sich für gnug belohnt, an der Ausbesserung der leichten Hütte, eines so großen Geistes gearbeitet zu haben, ohne daß sie die geringste Verehrung am Gelde genommen. Solche Menschenfreunde fand unser Dach auch an den Schülern des Podalirs. Doch es hieß von unserm Dach auch endlich: Und ob der Arzt noch so lange flickt, so war doch der Umfall seiner Hütte bestimmt, und der letzte Ton seiner Leyer, sollte zu der Schlußarie gehören, die der Mann GOttes nach dem gewöhnlichen Accompagnement des menschlichen Lebens, Sorge, Furcht und Hofnung, hinzugesetzt: Und zuletzt der Tod. Die erste Stunde des 15. Aprils des 1659sten Jahres, wiegte unsern verewigten Dichter, im 54sten Jahr sein ruhmvollen Alters, in den Schlummer des Todes, da der durch den Kneiphöfischen Lehrer, M. Georg Colbe, zuletzt noch wohlbereitete Geist, den Händen desjenigen überliefert wurde, der Ihn eingeathmet hatte. Simon Dach, der bey seiner Schwachheit einen Hunnius, Arnd, Gerhard, Sonthom, Bail, Mayfart, Nicolai, Saubert, Artomedes, Hoburg und Thomas von Kempen, zu seiner Erbauung gebraucht, ward zu diesen geistreichen Theologen, und zu seinen Vätern versammlet. Derselbe Monat, der unserm Dach seinen besten Freund, seinen liebsten Roberthin, geraubet hatte; raubte Ihn gleichfalls der Welt. So verlöschte die Lampe, die unserer Cathedralschule, unserer Albertine, Preussen, Deutschland, ja dem größten Theil von Europa so lange geleuchtet; doch Dachens Nachruhm gleichet jenen ewigen Lampen, die auch bey den Aschentöpfen nicht verlöschen sollen. Die den Lehrern unserer hohen Schule bestimmte Ruhestädte deckte auch die ruhige Urne ihres geliebten Dach, und vermischte seine Asche, mit dem Staube anderer gelehrten Männer. M. Colbe hielte Ihm nach dem Gebrauch der damaligen Zeit von der Canzel die gewöhnliche geistliche Lobrede, welche zu einem Streit Anlaß gegeben, der eine Vertheidigung von ein paar Bogen von einem sonst ruhigen Geistlichen ausgepreßt. So konnte unser friedfertige Dichter, der bey seinem Leben alle Zänkereyen sorgfältig vermieden, in seiner Gruft nicht ruhig bleiben, und Colbe konnte mit Recht zu seiner Vertheidigung sagen: Wenn ich rede, so fangen sie Krieg an.

Bewahre, geliebte Vaterstadt, die Asche deines Dachen, den du im Frühling, Sommer und Herbst seiner Jahre bewundert hast. Verehre, getreue Albertine, deinen Dichter, dessen Staub du in deinen Schooß gesammlet, weil sein Mund so oft dir süße Lieder vorgesungen, und seine Hand so unermüdet dir vorgespielet. Bewundre, angenehmer

Kneiphoff, die vortrefliche Gaben deines Lehrers mit unauslöschlicher Dankbarkeit, der in deinem Pflanzgarten mit Pflanzen und begießen seine Kräfte verzehret. Auch du, sanfter Pregel, an dessen theils grünen theils bemasteten Ufer unser Dach, so oft seine Leyer gerühret, lisple durch deine kleine Wellen, das große Lob unsers verewigten Dichters nach. Laß deine Grenzen, o Mümmel, da du die Wiege unsers Dachen in deinen kleinen Bezirk eingeschlossen, den uneingeschränkten Nachruhm dieses deines seltnen Sohnes weiter als durch sein Vaterland ausbreiten. Ja holdes Preussen! erweitre dein dankbar Herz durch die Verherrligung deines Dachen. Und du, göttliche Religion! die du bey den ungleichen Meynungen deiner Kinder, einen gleichen Stifter, als deinen Vater verehrest, erhalte das Andenken unsers Preußischen Assaphs, dessen Psalmen deine Lehren noch durch ganz Europa verkündigen, dessen Gesänge sowohl in den heiligen Versammlungen der Anhänger des Luthers und Calvins, als der Lieblinge des schimmrenden Roms erschallen. Wenn ein witziger Ausländer behauptet, daß Pilatus unter allen Römern den größten Nachruhm erhalten, da die kleinsten Kinder schon gewöhnt werden bey den ersten Anfangsgründen ihrer Glaubenslehre, seinen Namen nachzulallen; so erkühne ich mich fast zu erhärten, daß unser Simon Dach das Glück genieße, von allen seinen Landsleuten am meisten in der Welt bekannt zu seyn, weil die von ihm verfertigten Lieder durch ganz Deutschland gesungen werden, und durch seinen in den mehresten Liedersammlungen beygezeichneten Namen, die Unsterblichkeit seines Andenkens unterhalten. Man ist gewohnt, der Asche des Verstorbenen, eine Grabschrift zu widmen, und die Mauren unserer Altstädtschen Kirche zieret noch eine aus Dachens Feder. Er selbst hat auf seinem Aschenhügel keine erhalten. Man erlaube mir ein einziges Wort darauf einzugraben, welches Luther kurz vor seinem Ende bey der Betrachtung des erst gestern auch von uns zurückgelegten Siegesfestes unsers auferstandnen Erlösers, da er vorher voller Schwermuth war, jauchzend ausgeruffen, und es mit der freudigsten Empfindung zugleich auf den Tisch geschrieben: Viuit. Er lebt. Braucht Simon Dach ein größres Lob, meine Herren?

JOHANN GEORGE SCHEFFNER

Mein Leben, wie ich Johann George Scheffner es selbst beschrieben

Da ich alle Weihnachten und Ostern Hippeln besuchte, so erneuerte sich auch bey ihm meine ehemalige Bekanntschaft mit Kant, der, wie nun die ganze Welt lesen kann, Scherz und Ernst in der Gesellschaft meistermäßig zu vereinen wußte, und bey dem wir vielmal zwischen 7–8 Abends sehr frohe Unterhaltung fanden. Auch kam ich hier in nähere Verbindung mit dem genug bekannten J. G. Haman, den ohnlängst Jean Paul in seiner ästhetischen Vorschule, der Recensent des ersten Bandes der Werke von H. Jacobi in den Göttingschen gelehrten Anzeigen, so wie das Schlegelsche deutsche Museum und Göthe im dritten Bande seines Lebens, wieder in rühmliche und nicht unverdiente Erinnerung gebracht haben, indem er ein Mann von eisenfestem Charakter, vom menschenfreundlichsten Herzen, und seiner unbeschränkten Phantasie wegen ein wirklich wunderbares Gemisch von wahrer Kindlichkeit und den Heftigkeiten des leidenschaftlichsten Menschen war, ohne andre meistern oder belehren zu wollen, auf den Geist seiner jüngern lernfähigen Freunde einen merklichen und für sie höchst vortheilhaften Einfluß hatte. Sein Haus war ein chaotisches Magazin, in dem Kluges, Gutes, Gelehrtes und Religiöses durch einander und zum Gebrauch eines jeden, der hinkam, offen da lag. Beym Büchermahl des von Leipzig angekommenen Meßgutes aß er nicht, sondern fraß, laut seinem eignen Ausdruck, und klagte dann bitterlich über Kopfindigestionen. Einst besuchte er mich auf dem Lande, wir sprachen von einer Ausgabe seiner vielen kleinen Schriften, und ich erbot mich in selbigen die Stellen anzustreichen, dir mir unverständlich wären, damit er sie durch kleine Noten verdeutlichen könnte, seine Antwort war, daß dieses ihm unmöglich sey, weil er selbst vieles, worauf er beym Niederschreiben Rücksicht genommen, vergessen habe. Er war Willens gewesen drey Tage bey mir zu bleiben, als ihn aber bey einem Spaziergange mit mir ein Hofhund anbellte, so war es unmöglich, ihn von der Rückkehr am zweyten Tage abzubringen. Die Westphälische Reise, die er wider den Rath aller seiner Freunde zu Leuten unternahm, von denen die mehresten seinem Genie so wenig zusprachen, als er ihre Erwartungen zu befriedigen geeignet war, zog ihm vermuthlich den Tod im fremden Lande zu. Von seinen Briefen besitze ich eine große Anzahl, so wie auch den größten Theil seiner gedruckten Schriften mit kleinen eigenhändigen Noten, welche erstere ich dem Staatsrath Nicolovius, der eine Ausgabe der Hamanschen Schriften zu besorgen Willens ist, zur Benutzung zugestellt habe. Möchte er doch die Aeußerung Jean Pauls und den trefflichen Aufsatz: der Philosoph Haman im Januarstück des deutschen Museums von Fr. Schlegel, 1813. sich so zu Herzen gehen lassen, wie er es mir, als ich ihn bey seiner letzten Anwesenheit in Preußen an diese Ausgabe erinnerte, im Junius 1813. mit Hand und Mund zugesagt hat. …

Nach einer bis nahe an die goldne Hochzeit gelangten kinderlosen Ehe muß doch auch etwas über mein ehemännisches Betragen seine Stelle finden, und da Freund Hippel, der nie verheyrathet gewesen, ein dreymal aufgelegtes Buch über die Ehe hat schreiben können, so will ich doch auch ein Wörtchen über die alte Heyrathssitte sagen. Mir scheint die Ehe das Gleiche mit der bürgerlichen Verfaßung zu haben, daß sie einem manchmal unangenehme Tage, wenigstens Stunden macht; wer möchte aber wohl ohne bürgerliche Verfassung leben und ihrer kleinen Beschwerlichkeiten wegen auf ihre vielen großen Vortheile Verzicht thun? Wie im Staat, so ist auch in der Ehe alles auf das *mutuum adjutorium* (wechselseitige Hülfsleistung) berechnet, und wenn eine Hand nicht die andre wäscht, so bleiben beide schmutzig. Alle andere, außer diesem wechselseitigen Beystande, von Philosophen und Juristen angegebene Ehestandszwecke haben mir daher immer, theils nebenseitig, theils untergeordnet geschienen, und ich kann daher auch die Verbindung zweyer, im Alter sehr verschiednen Personen, nicht gut heißen. Einige Jahre älter wie die Frau sollte der Mann aus mehr als Einer Ursache seyn. Poetische Liebe find ich zur Ehestiftung entbehrlich, dagegen die Sorge für anständiges, wenn auch nur bey Sparsamkeit zureichendes Auskommen so unentbehrlich, daß ich ohne selbiges eine glückliche Ehe beynah für unmöglich halte. Nächst dem gehörigen Auskommen setz ich das wechselseitige Zutrauen, dessen natürliche und gewöhnliche Folge die Freundschaft ist, die eigentlich im ganzen Umfange nur unter Eheleuten statt findet, und die ich zu den höchsten Lebensgenüßen rechne, weil sie schon durch ein Nebeneinanderseyn befriedigt. Ich spreche darüber aus Erfahrung, da ich weiß, wie behaglich es mir war, wenn meine Frau mit ihrem Buch oder ihrer Handarbeit sich in meiner Stube aufhielt, ohne alle weitre gesprächliche Unterhaltung, ob mir gleich das gesprächsarme Beysammenseyn mit bloßen Besuchern ganz unendlich lästig fällt und ich daher lieber zu manchem selbst hingehe, um das Weggehen in meiner Gewalt zu behalten. Auch die Schönheit mag ich nicht zu den Nothwendigkeiten des Eheglücks zählen. Einer meiner alten Bekannten hatte unter seinen stereotypischen Einfällen auch den: Schönheit vergeht, Häßlich bleibt immer; und er hat Recht, denn es fragt sich, ob sich nicht der Eindruck der Schönheit bald bis zur Unbemerklichkeit verliehre, und der der Häßlichkeit noch schneller sein Unangenehmes schwinden lasse? Ich glaube, ein recht kluges, aber häßliches Weib sey letztres nur in der ersten Viertelstunde, bleibt sie es aber einem auf die Dauer, so ist es ein Beweis, daß sie durch und durch und bis zur Ungebühr häßlich ist, oder daß ihr Verstand nicht Bildung und Gewandheit genug erhalten hat. Die Gesichtshäßlichkeit eines Frauenzimmers erregt selbst dadurch, daß die Natur sie manchem Mitgliede des schönen Geschlechts zu Theil hat werden lassen, eine Ahnung, es müsse doch irgend etwas andres Schönes zur Entschädigung für jenes Häßliche erhalten haben, so daß Lady Montagu ganz Recht haben mag, wenn sie versichert, sie sey in den türkschen Weiberbädern überzeugt worden, daß, wenn es Sitte wäre, nackt zu gehen, das Gesicht kaum bemerkt werden würde.

Ausgemacht bleibt es wohl, daß zum glücklichen Eheleben sehr viel gehöre, und daß der oder die, welche rein glücklich es führen zu wollen gedenken und hoffen, am besten thun, wenn sie es nicht zum Versuch kommen lassen, um nicht zu erfahren, daß man auch auf dieser Reise Rechnungen ohne Wirth mache.

Sankt Paul hat, obgleich in einem andern Sinn, von der Ehe gesagt; es liege in ihr ein großes Geheimniß: ich mag daher auch über und aus der meinigen nicht schwazzen. Daß elektrische Wolken meinen Ehestandshimmel bisweilen getrübt haben, kann ich nicht leugnen; dies scheint in der Natur der Matrimonial-Atmosphäre zu liegen. Eben so aufrichtig bekenn ich aber auch zur Ehre meiner mit mir alt gewordenen, verständigen und in allen weiblichen Geschäften keiner nachstehenden Susanne Elisabeth, daß mir in meinem Leben keine ihres Geschlechtes begegnet sey, die ich zur Gattin für mich passender gefunden hätte, und der frühere Tod des einen von uns wird gewiß dem Nachbleibenden viel Thränen der aufrichtigsten Trauer kosten.

THEODOR GOTTLIEB VON HIPPEL

Über die Ehe

Vorbericht

Ein Sohn o d e r eine Tochter frägt der Vater die Hebamme, wenn seine Frau zum erstenmal ins Wochenbett gekommen, denn zum zweiten male sieht ers ihr schon am Gesicht an, und sie läßt ihn ausfragen, wenn es ein Mädchen ist, und ruft, wenn er an das Wort o d e r kommt: e i n S o h n. Auch vier Kreuzer wegen der Dancksagung zur Kirche, sagt der Landpriester, und der Vater bezahlt zehn, wenn es ein Junge ist. Es kommt doch zum Besten der Kirche, spricht er. Ist es aber ein Mädchen: so sucht er, obgleich es auch zum Besten der Kirche kommt, aus allen Taschen Scheidemünze zusammen. „Hier", seufzt er, „sind vier Kreuzer, Gott schencke uns einen sanften Regen, denn in Wahrheit das Getreyde steht schlecht". Ein Frauenzimmer, wenn es vierzehn Jahr alt ist, frägt die Amme: „Ist es ein Söhnchen?" „Ja, gnädiges Fräulein". „Ein niedliches Kind!" und schnell ist es in seinen Armen. Es fasst es, wo man gemeinhin allen Kindern hinzufassen pflegt, und denn noch etwas weiter. Warum das gnädige Fräulein das Kind liegen lässt, wenn die Amme gesagt hat: „Ein Mädchen." kommt daher, weil es vierzehn Jahr alt ist.

Wozu dieser Anfang? Guter Freund, frage lieber, wozu diese ganze Schrift: denn in diesem Anfange liegt alles. Ist der gut, so ist mehr gut. Ist er schlecht, so geb ich für die ganze Schrift keinen Dreyer. Ein Autor ist ein geistlicher Vater, und schreibt Söhne oder Töchter, wie sie der leibliche zeuget: Aber zu bestimmen von welchem Geschlecht ein Buch sey, ist so schwer, daß sich die critischen Hebammen oft Jahre lang darüber streiten. Damit es indessen Sr. Wohlehrwürden nur wissen, so geb ich vor die Dancksagung keinen Kreuzer aus. Für mein Kind darf nicht gedanckt werden, und hiemit Gott befohlen.

Das zweyte Capitel

Der Endzweck der Ehe
Eine academische Vorlesung

Ein Jurist, meine Herren, unterscheidet sich vom Moralisten, so wie ein Wundarzt von einem Mediciner. Der Jurist, damit ich die Sache mit dem ersten Buchstaben angebe, ist aus Athen, der Moralist aus der Welt, und wenn der güldene Mund jenen *oraculum totius civitatis* nennt; so könnte dieser *oraculum totius mundi* heissen. Zum Juristen gehört, wenn ich so sagen soll, viel Wetterklugheit, zum Moralisten, den man einen Juristen der Welt nennen könnte, viel Verstand.

Ihre Vorväter meine Herren, besassen, wie *Ulpianus* sagt, eine wahre Philosophie: Die Kraft derselben breitete sich über ihre Rechtsgelehrsamkeit aus, wenn andere unpractische Weltweisen nur Sack und Bart hatten. Es sey also niemand unter ihnen ein Legulejus, wie ich einen unphilosophischen Juristen zu nennen pflege, sondern suche vielmehr dem Wink zu folgen, den ich ihm, so viel es sich thun läßt geben werde. Wir haben zwar vieles nicht mehr, was uns ehemals zugehört hat, indessen kann uns niemand das Anlags- oder Nachbarrecht strittig machen, wovon wir *in casu alienationis*, der sich oft genug in diesen Jahren zuträgt, Gebrauch machen können. Diejenige unter meinen Herren, die schon *veteranos* vorstellen, werden meine Methode kennen, und mir diesen hier angebrachten Wegweiser verzeihen. Denen aber die, ich will nicht sagen *tyrones* sondern *salva venia dupondii* sind, muß ich zum freundlichen Willkommen anführen, daß ich meine Stunden *ratione formalis* weder Pandeckten, als wäre alles darinnen enthalten, noch *digesta*, als wäre alles fein symmetrisch eingerichtet, oder besser gesagt, als wäre alles unter das Prisma gebracht, nennen kann. Es kommen indessen häufige Authenticae vor, wenn man unser Lehrbuch Novellen nennen wollte.

Ueberhaupt meine Herren muß ein Antecessor bey seinem Lehrgebäude eine grosse Pforte für den ersten Anlauf, für alles was kommt, und eine Hinterthür für einen guten Freund haben, oder bey der Cultur der feinen und gelehrten Vernunft den gemeinen aber thätigen und gesunden Verstand bilden. Jenes geschicht für das betrachtende, dieses für das thätige, bürgerliche Leben, jenes für die Schule, dieses fürs Hauß.

Die wenigsten jungen Leute, wenn sie auch auf Academien mehr thun als Wetterleuchten, wissen was sie bloß lernen, und worüber sie weiter dencken sollen. Sie lernen Gedancken; allein sie lernen nicht dencken, sie lernen Philosophie, allein nicht philosophieren, sie lernen die Gesetze, allein nicht das Recht. Was ich also oft gebeten habe, das bitte ich, weil wir heute so schönes Wetter haben, wiederholentlich, meine Vorlesungen nemlich nicht als ein Urbild des Urtheils anzusehen, sondern als eine Veranlassung über unsern beliebten Autor und über mich, und wieder den Autor und wieder mich zu urtheilen. Ich will keinen allgemeinen Maasstab einführen, sondern es brauche ein jeder den seinigen.

Was nun den Mittelpunckt oder die gegenwärtige Stunde insbesondere anbetrift; so sind wir noch immer auf der Hochzeit, denn da ich gefunden, daß mir der zehnte, oder Kreuztitel des ersten Buchs, unserer Institutionen, während meinem Lehramt sehr viel Beyfall zugezogen; so habe ich verschiedene Fragen dabey aufgeworfen, an die unser beliebte Autor auch nicht einst in einer Exclamation gedacht hat: indessen hat die Ehe das Prädicat: heilig, und hat also die Befugniß *Exceptionem fori* in Absicht einer freyen Denkungsart zu machen. *Turpe est jure consulto sine lege loqui.* Ich will also um in dieser Stunde so viel als möglich zu paaren, zwey anführen. Wer das Gelübde des Gehorsams auf sich hat, muß nichts eigenes besitzen, und wenn zwey Herren befehlen, so muß man dem größten gehorchen. Sie wissen es, daß ich bey diesem Titel nach Anzahl der funfzig Justinianischen Decisionen funfzig Fragen aufgeworfen; allein sie wissen auch, daß wir in Absicht der acht und vierzig abgeurtheilten als am Tage gewandelt, und die Strasse nie verfehlet, die da heisset, die richtige oder anders gesagt, die Sauve Garde nicht aus den Augen verlohren, welche diesen Titel bezeichnet. Ein jeziger Jurist, der einen römischen Rock mit kanonisch gearbeiteten Knöpfen, eine deutsche Weste, ein paar Beinkleider seines Vaterlandes trägt, Schuhe und Strümpfe in seiner Stadt, und den Huth endlich bey der Natur arbeiten läßt; ein jeziger Jurist, der allen allerley ist, muß in dergleichen Fall, als der gegenwärtige ist, Christen, Naturisten, Civilisten, und wie sie mehr heissen, da sie doch ohnedem alle auf isten ausgehen, zu vergleichen suchen, und eben dieses bin ich auch in Absicht der neun und vierzigsten Frage Willens, welche auf die acht und vierzigste folget, und vom Endzweck der Ehe handelt. Was ist der Endzweck der Ehe? Ich will nun diese Frage etwas ordentlich zufassen, das zweyte Paar anführen, und zuerst mit gebührender Genauigkeit erwägen, was der Endzweck der Ehe nicht sey, und denn im zweyten Theil, was er sey.

Wenn wir nun zuförderst beherzigen, was der Endzweck der Ehe nicht sey, so kann ich zwar nicht in Abrede seyn, daß der Mensch sich selbst gelassen, wie sich die Geistlichen ausdrücken, oder der Mensch im natürlichen Zustande, wie die Juristen sagen, was die Mediciner für ein Wort haben, weiß ich nicht, doch das gehet mich auch sehr wenig an, weil ich nur vorzüglich sagen will, was ich nicht in Abrede seyn kann. Ich kann nehmlich nicht leugnen, oder wie ich mich erst auszudrücken für gut gefunden, ich kann nicht in Abrede seyn, daß ein Mensch *quaest.* um Kinder zu erzeugen, und Kinder zu erziehen, heirathe, und müßte man, wenn eins zur Erzeugung und was noch mehr sagen will zur Erziehung der Kinder untauglich ist, die eingegangene Heirath für ungeschehen, für ungültig, *pro nullo* anzusehen, die Befugniß haben. Diese Ideen sind auch unstrittig Schuld, daß die Untüchtigkeit bey uns noch jezo scheidet. Meine Herren wissen so gut als ich, was das Wort Untüchtigkeit in diesem Verstande anzeige; allein billig sollte darunter die Untüchtigkeit Kinder zu erzeugen, und Kinder zu gebähren, welches die Juristen zusammengenommen erzielen, entweder nennen oder nennen sollten, verstanden werden, und beydes müßte scheiden. Wenn indessen jene weit eingeschränktere Untüchtigkeit nicht gleich zu Anfang der Ehe vorhanden gewesen, sondern während der Ehe entstanden; so gehört es in den Mantelsack, den christliche Eheleute bis an ihr Gott gebe! seeliges Ende tragen müssen. Was denken aber meine Herren, wenn sie sich ein paar Eheleute vorstellen, die den Beweiß und Gegenbeweiß ihrer guten Eigenschaften geführt, und dennoch keine Kinder zeugen können? Aus welchem Gesichtspunkt wollen sie wohl dieser Ehe ihre Gültigkeit geben? und unterstehen sie sich selbige für nichtig zu erklären? Soll man fügen oder in die Lehre gehen, und nicht eher als bis ein Meisterstück vorhanden ist, die Zunft gewinnen, und wenn das Meisterstück mislingt, mit einem *conditione tua non utor* abziehen? Soll man erst miethen, ehe man kauft, und wenn das Haus uns nicht ansteht, seinen Stab weiter setzen, oder wenn es gut ist, es sich *brevi manu* tradiren lassen? Nein meine Herren, es läßt sich in einem gesitteten Staat nicht fügen, und dieses würde auch der aufgeworfenen Schwürigkeit nicht völlig abhelfen. Kurz und gut, es muß Ehen geben, ohne daß Kinder erzeuget, und mithin auch ohne daß was erzogen werde, denn das sehen meine Herren wohl von selbst ein, daß wenn nicht Kinder vorhanden sind, auch Kinder nicht erzogen werden dürfen und können. Noch etwas *ad marginem* zu setzen: was dünkt ihnen von den regierenden Herren, welche in den Jahren, da sie noch nicht Kinder zeugen können, heirathen? Sollte deshalb ihre Ehe ungültig seyn? Ha! sagte mir Herr – – bald hätte ich ihn genannt, und meine Herren hätten einen Mann im schwarzen Kleide kennen gelernet, der sich gestern die vierte Frau antrauen lassen. „Es ist besser freyen als Brunst leiden", und die Auslöschung dieses Feuers muß nach Gestalt und Gelegenheit der Sache, der Endzweck der Ehe seyn. „Ohne ein gewisses – Hum", setzt er hinzu, „ohne ein gewisses – können keine Kinder erzeuget werden. Ich rede aus der Erfahrung", fährt er fort, „denn ich habe sechzehn Kinder am Leben, und sechzehn sind bey Gott."

Genug! denn das mercken sie sich meine Herren, daß es schwer ist jemanden zu fassen, der uns zu nahe ist. Man muß die Leute nicht mehr reden lassen, als man beantworten kann, und diese gelehrte Nothwehr ist die Seele von allen gelehrten Dispüten. Das vortheilhafteste bleibt, wenn sich ein Paar andere streiten, denn alsdenn ziehet ein dritter, fast so als wenn sich zwey Diebe schlagen, den Vortheil: Indessen giebt es Ehrenfälle, wo man den Streit nicht abschlagen kann. Genug! hab ich gesagt, und würde dazu setzen, damit ich meine Pistohle auch losschiessen könne, wenn ich nicht ziemlich deutlich bemerkt hätte, daß den Gelehrten nur das Handgemenge oder Faustrecht eigen wäre. Was als Mittel gilt, kann als Endzweck verboten seyn. Wenig Worte, allein Materie zum Werck ein Menschenalter starck.

„Es stehet doch aber", fährt unser Herr Opponent fort, „es steht doch aber mit dürren Worten: es ist besser freyen als –" Noch ein Funcken den ein einziger Tropfen verlöschen wird, und wenn es wo mit dürren Worten stünde: es ist besser einem die Zähne in den Hals schlagen, als aufhängen, *quaeritur*?

Unser Gegner schweigt. Die Mauls' –, welche in diesen Tagen gewöhnlich *in postfamine* bey Disputationen, wiewohl in elegantem Latein angebothen werden, haben ihn auf andere Gedanken gebracht. *Qui tacet consentire videtur*, und wenn er hätte reden können und reden sollen, und schweigt, so willigt er vollkommen ein. *Restituit te populus*. Das wäre also einfältiglich mein erster Theil, nehmlich, was der Endzweck der Ehe nicht ist.

Ich habe dabey um so mehr kurz verfahren, weil meine Herren von selbst mercken werden, daß wenn ich gleich diese Stunde wie eine Predigt abgetheilt, ich jedennoch in der Abhandlung mich von derselben unterschieden. Wenn ich diesen hochwohlehrwürdigen Weg hätte einschlagen wollen; so wäre es mir ein leichtes gewesen, noch ein paar Stunden über die große Wahrheit: was der Endzweck der Ehe nicht sey, zu reden. Ich habe aber diese Kanzelmethode vermieden, und meinen Arsin nach philosophischer Art eingerichtet. Wenn die Philosophen sagen, was ein einfaches Ding nicht sey, so muß man ihnen doch die Gerechtigkeit wiederfahren lassen, daß sie uns nicht völlig im blossen lassen, so daß man nach Anlage dieser Definition eines einfachen Dinges, die Philosophie eine gründliche Kenntniß von alle dem, was wir nicht wissen, nennen könnte. Ich hätte zwar Lust nach väterlicher Weise alles dieses und was sonst noch ein jeder auf seinem Herzen und Gewissen hat, an seinen Ort zu stellen; allein ich besorge, dieser Ort möchte mit der Zeit zu voll werden, dahero ich ohne diese Wendung zum zweyten Theile, oder zur andern halben Stunde schreite: Was ist denn der Endzweck der Ehe? Ich glaube, damit ichs kurz mache, weil es schon spät ist, daß es *arctissimum vitae commercium* sey. In einer Parenthese, meiner Lieblingsinterpuncktion, muß ich anzeigen, daß ich dasjenige, was ich glaube noch nicht für gewiß halte. Gewiß wissen, könnte man Contant, für baar Geld kaufen, glauben, einen Kauf auf Credit nennen. Was die Gelehrten gewiß wissen, hat auf einem halben Bogen Raum, was sie aber glauben, das können viele Kameele nicht tragen. Ich habe mit Fleiß diesen juristischen Ausdruck *multorum camelorum onus* beybehalten wollen, um zugleich einem gewissen andern Thier auszuweichen. *Arctissimum vitae commercium* hab ich gesagt, allein warum soll ichs ihnen verheelen, daß der Philosoph dawider noch viel einwenden würde, indem dieser Begriff noch zu viel Poesie in sich schlüßt. Die Natur, meine Herren, wie ich bey einer andern Gelegenheit gezeiget habe, ist der Positivus, die Philosophie und alle dahin einschlagende Wissenschaften der Comparativus; die Poesie *cum att. et pertinentiis* der Superlativus. Ein Philosoph aber, der kein Dichter ist, wird schwerlich erfinden. Die Poesie ist die wahre Algebra, welches wir durch große Erfindungen in der Philosophie nachweisen könnten. Der poetische Kopf ward von der Imagination auf Dinge gebracht, und der Philosophische rechnete das Exempel noch einmal über, und machte die Probe dazu. Auch werden meine Herren bey dieser Gelegenheit sich auch erinnern, daß ich durch die Vernunft *in concreto* den Geschmack definiret habe, und bey allen diesen Erinnerungen, die nicht so füglich hieher gehören, sich eine mercken, die nicht unpassend ist, daß nehmlich derjenige, der den angemessensten Ausdruck zu einer Sache, den Leib, wenn ich so sagen soll, zur Seele findet, ein schöner Geist genannt zu werden verdiene. *Arctissimum* sage ich – wer hiezu Kinder zeugen rechnet, der rechne es. Wer andere Gränzen annimmt, der nehme sie an. Dieser Begrif ist so voller Toleranz, daß nicht nur alle isten, sondern auch aner, die weit ärger als jene sind, dabey ihre freye Eheübungen exerciren können. Sobald indessen ein paar Eheleute zusammentreten, so muß es von ihnen abhängen, wie sie dieses *arctissimum vitae commercium* zum voraus bestimmen und erklären wollen. *Non coitus matrimonium facit sed maritalis adfectio* heißt es dahero, und anderswo: *non concubitus sed consensus facit nuptias*, und weil ich Doctor beyder Rechte bin, so heißt es ferner: *non defloratio virginitatis sed pactio conjugalis facit conjugium.* Es kann also *procreatio sobolis* nicht die Hauptsache seyn, sondern mag, wenn gehörig protestirt worden, auch ohne dieses eine Ehe bestehen. Mit einem Worte, es giebt Seelen und Körperehen, wovon eine jede besonders so wie beyde vereiniget, eine förmliche Ehe ausmachen. Ich habe in einem handgreiflichen *responso juris* bewiesen, daß auch Verschnittene heirathen können. Es kommt alles auf Bedingungen an, und einem der es so will, geschieht kein Unrecht. Capituliret man, so darf die Festung nicht mit Sturm übergehen. Ist indessen nichts vor der Ehe verabredet, so müßte die Ehe und die damit verbundene theure Pflicht, nicht so wie Privilegien im engern, sondern im allerweitesten Verstande interpretiret werden. So viel ist gewiß, daß die Aerzte auf diese Art bey Ehewerbungen beynahe mehr als die Juristen gebrauchet werden dürften; indessen heißt es auch hier leben und leben lassen, und da schon bey Testamenten in Absicht dieser guten Leute eine Hand die andere wäscht; so kann diese abermalige Zusammenkunft nichts schaden, sondern vielmehr einem jeden, der das Handwerck versteht, Vortheil bringen. Noch besser können sie sich die ganze Sache vorstellen, meine Herren, wenn sie einige Umstände aus der Lehre von Kauf und Verkauf, welches ein Consensualcontrackt ist, entlehnen. Man wird uns um desto eher borgen, weil die Ehen mit dem Kauf und Verkauf Geschwisterkinder sind, und die ältesten Völcker kauften, wenn sie heiratheten. Die Wiederrufsklage *actio redhibitoria* stehet dem Käufer wider den Verkäufer zu, wenn er ihm ein gewisses Haab und Gut vor vollkommen gut und ohne Mangel verkauft, nachhero aber sich ein verborgener Schade hervorfindet. Man fordert das Geld und giebt die Sache. Die *actio quanti minoris*, oder die Geringschätzungsklage, ist vom Käufer wider den Verkäufer anzustellen, der ihm ein schadhaftes Gut verkauft, damit ihm der Verkäufer so viel Geld zurückzahle, als das Gut weniger werth ist. Ich bitte die Zeit nicht zu vergessen, in welcher diese Klagen angestellt werden mußten, um alles desto besser bey der Ehe anzuwenden. Zum Beschluß will ich noch die fünfzigste sehr critische Frage, wie oft? mitnehmen. Sonst hat diese Frage nicht viel auf sich, denn der Anfang ist bey allen Sachen allein schwer. Im gegenwärtigen Fall aber ist es eine Frage von einer solchen Wichtigkeit, daß ich mich kaum der Wehmuth dabey enthalten kann. *Non amplius vos moramur*. Wie oft also? Ehe der Ackersmann überzeugt ist, daß seine Saat nicht aufgehet; so wird er nicht noch einmal säen, und wenn ich mein Feld nur einmal des Jahres nutze, so habe ich keine Ursache es zweymal zu bearbeiten. Plato nennet etwas einen Mord, welches unsern Geistlichen nicht einst einen subtilen Todschlag zu nennen in Sinn und Gedanken gekommen. Diese Wahrheiten könnten zu mancherley Reflexionen Gelegenheit geben, an die überhaupt Niemand gerne denken mag. Die Weiber sollten, um hiedurch ihre Männer beständig verliebt zu erhalten, dieses Vergnügen so lange als möglich aussetzen: indessen ist es eine gewöhnliche Sache, daß das Gegenwärtige und die Zukunft ein sehr ungleiches Paar sind, und so bald es zum Streit kommt, das Gegenwärtige den Sieg erhält. Eine lebhafte Empfindung unterdrückt eine schwächere. Rechnen sie, meine Herren, diesen Satz durch alle fünf Species der Sinne durch, sie werden ihn richtig finden. Wer Hunger hat, ißt, wer müde ist, schläft, und nur der gemeine Mann fühlt die Glückseligkeit, wo nicht allein so doch wenigstens stärker, daß es alle acht Tage einen Ruhetag giebt. Unser aller Trost ist, daß Wercke der Liebe und der Noth auch am Sonntag erlaubt sind. Wenn indessen darüber gestritten werden sollte, ob der Ehemann zu sparsam wäre? so müßte es ihn wenigstens vor allen Gerichten schützen, daß er wie ein Ackersmann verfahren. Ich will diese paränetische Rede abbrechen, und der aufgeworfenen Frage näher kommen, und nur so viel bemercken, daß deshalb von Weisen und Thoren durch Gesetze und durch ertheilten Rath eine bestimmte Zahl festgesetzt worden. Indessen ist es mir allemal sehr erwecklich gewesen, daß die Gelehrten nur alle zwey oder drey Jahre nach dem Talmud die Hochzeitsnacht celebriren oder widerholen dürfen. Academisten verdienen diesen Rahmen mehr als andere, weil sie nicht nur gelehrt sind, sondern auch andere gelehrt machen, und in Absicht des kleinen Honorarii ihren Schülern, so wie die Erde dem Monde vierzehnmal mehr Licht geben, als sie erhalten. Schlüßlich bitte ich meine hochgeehrte Herren, sich nicht fernerhin mit Abendmusiken, meiner Frauen zu Ehren in Kosten zu setzen.

Kreuz- und Querzüge des Ritters A bis Z

Tod des Ritters

Der gute Ritter hat freilich bis zum 72. §. in diesen Kreuz- und Querzügen gegrünt und geblüht, und dreimal sieben Jahre mit seiner Ehegattin in einer exemplarischen Ehe gelebt. Selten werden Väter der Bücherhelden es so weit und bis zum 70. §. bringen, sondern weit zeitiger dem Achill, dem Ulysses, dem Aeneas, (soll ich an die Henriade denken?) Platz machen. – Warum soll ich es verhalten? Auch selbst noch im siebenmal siebzigsten §. würd' es mir leid seyn, mich von meinem Ritter zu

§. 72.
scheiden

und ihn scheiden zu lassen. Leider wird er nur noch diesen und wenige folgende §§. erleben.

Was ist unser Leben? Wer weiß von uns, die wir dies Buch schreiben und lesen, wie viele Paragraphen uns noch bevorstehen? – Wie Gott will! – Das edle gute Paar hatte, außer dem Erstgebornen, noch sechs Kinder erzeugt, die indeß im dritten, siebenten und neunten Jahre starben, obgleich keins nothgetauft war. Der *Pastor loci* zog nie, wenn die Baronin niederkommen sollte, über Land; vielmehr fehlte nicht viel, daß er bei ihrer Entbindung, wie ein Bischof in England bei der Königin, auf die Sechswochenwache zog. Wär' ich paragraphensüchtig – zu wie vielen hätten mir so viele Kinder Gelegenheit gegeben! Jetzt begnüg' ich mich mit der Bemerkung, daß diejenigen regierenden Herren und Frauen, die bei der Nothtaufe, wiewohl gebührlich, übersehen waren, bei den folgenden drei Kindern als Taufzeugen in das Kirchenbuch verzeichnet wurden. Die letzten drei mußten sich ohne diese Ehre behelfen, und es war gut, daß man die Herren Nachbaren und Frau Nachbarinnen, die ohnehin genug mit sich selbst zu thun hatten, weiter nicht mit doppelten Personen belastete, obgleich, wie wir wissen, regierende Herren am leichtesten gemacht und vorgestellt sind. Ein

§. 73.
Brustfieber

überfiel unsern wackern Ritter mitten unter seinen Cirkeln, eine Krankheit, mit welcher der Hausdoctor freilich bekannter war, als mit dem Johanniterfieber, woran der Ritter zu Anfang seines Ehestandes laborirte. Was half aber diese Bekanntschaft? Noch vor Ablauf der kritischen Tage entschlief er so sanft, ruhig und selig, als hätten Engel ihm die Augen zugedrückt. – Er ruhe wohl! Denkwürdig bleibt es, daß in der letzten Session die Frage vom himmlischen Jerusalem aufgeworfen ward, wozu man die Fingerzeige in der

§. 74.
Offenbarung Johannis

fand und einbildungskräftig benutzte. Der Tod macht weise, sagte der Ritter; und warum sollten wir an ihn bloß als an den Zerstörer unserer Natur denken? warum ihn nicht als Beförderer zur Stadt Gottes, zum himmlischen Jerusalem, ansehen – um uns im Sterben die Bitterkeit des Sarges (wahrlich, der Sarg, nicht der Tod ist bitter) zu vertreiben? – Als hätt' er sich prognosticirt! – Nun war freilich das gelobte-Landes-Jerusalem noch nicht angefangen und der Meister Hans Peter – darüber leider! in's Irrenhaus gekommen. Auch verstand man nicht die Graphik des irdischen Jerusalems, und konnte keinen Bauentwurf auf das Papier bringen; was sollte denn aus dem unsichtbaren Jerusalem werden? Nicht minder wandte die Ritterin sehr bedächtig ein, daß die vielen Perlen und die Edelsteine wohl ihre Kräfte übersteigen möchten, und daß, wenn auch z.B. die Perlen von Glas oder Wachs genommen werden sollten, Regen und Sonnenschein dies Hauptstück im himmlischen Jerusalem verwüsten könnten, so daß keine Perle auf der andern bliebe. Aller dieser nicht kleinen Bedenklichkeiten ungeachtet, entschied doch der hohe Rath für die Meinung des Ritters – der nicht wußte, daß er seine eigene Leichenrede hielt! Und wer weiß es, wenn man seinen Schwanengesang anstimmt? Wer? – Die Ritterin selbst, so perlenschwierig sie anfänglich schien, trat aus Liebe zu ihrem Gemahl bei, ohne sich durch die Pluralität zwingen zu lassen. Vielleicht fiel ihr in dunklen Vorstellungen der treffliche Gedanke ein, daß das gelobte Jerusalem bis jetzt außer den Sessionsschmäusen noch keinen Dreier gekostet hatte. – Man beklagte, in Rücksicht eignen Unvermögens und des traurigen Schicksals des verunglückten Maurermeisters Hiram, daß es so wenig Zeichnungen von den interessantesten Aussichten dieses himmlischen Jerusalems gebe, als Symphonieen für das himmlische Orchester, und Melodieen auf die dortige in der Offenbarung mitgetheilte Liedersammlung. Wer weiß es, sagte der Prediger, wie dort die bekannte himmlische Collecte, das dreimal Heilig, gesungen werden wird, und ob das Amen des Chorus nicht mit dem Ja dieses Pilgerlebens aufhört! Niemand indeß aus der himmlisch-Jerusalemschen Gesellschaft brach in den Hymnus aus: Eia! wären wir da! – Die gnädige Frau, die schon in Gedanken in den krystallnen schnurgeraden breiten Straßen ging, indeß ohne einen Schritt zu thun und sich von der Stelle zu bewegen, erklärte sich im Geist einer Amazonin, und in den Gesinnungen einer Arria, ihre Perlen ganz gern zu diesem Jerusalem in den Gotteskasten legen zu wollen. Freilich ein Scherflein! Der Pfarrer übernahm den eben abgeschlossenen Plan, und der Hofmeister das Notifications-Schreiben an den geistlichen Consistorialrath, obgleich der Pfarrer beiläufig erinnerte, daß es noch sehr zweifelhaft bliebe, ob dem hochehrwürdigen Consistorio mit einer vidimirten Copie des himmlischen Jerusalems gedient wäre, als wo sich die Herren Consistorialräthe , ob sie gleich dort über alle Johanniterkreuze hinweg zu leuchten die Hoffnung hätten, höchst ungern zu Rittern schlagen ließen. –

Der Abschied unsers Ritters war

§. 75.

rührend.

Er tröstete seine Gemahlin, und gab seinem Sohne schöne Lehren. – Der Prediger und *Heraldicus junior* hatten nichts weiter zu thun, als den Ritter zu bewundern. „Ich würde unerkenntlich seyn, wenn ich vom Vater im Himmel mehr verlangen sollte, als er mir reichlich und täglich gab. Dank ihm, daß ich lebte und daß ich sterbe! Ein Geschenk hätte ich freilich mit Danksagung empfahen: – sechszehn Ahnen für meine Sophie! Da war aber am Aemsigen kein Tröpflein adlich – und ihm konnte weder durch eine Enkelin eines Fräuleins, noch durch tausend Atteste von Rechtsfreunden etwas beigelegt werden, was ihm in allen seinen Vorfahren, bis auf Adam, den ich ausnehme, nicht zustand. – Ich habe ihm keinen Stein in den Weg gelegt, weder zu Wasser noch zu Lande, und er wäre mir in Amalfi so willkommen gewesen, wie der Nachbar, der mir die Zinsen so richtig zahlt. – Wer weiß, welchem Guten auch unangenehme Vorfälle den Weg bahnen! Die Planzeichnung des gelobten Landes-Jerusalems ist fertig; und wäre Hiram nicht im Irrenhause, so würden freilich die heiligen Oerter auch *in natura* vollendet seyn – bis auf das himmlische Jerusalem, welches erst in der letzten Session beschlossen ward, und welches ich in Kurzem im Original schauen werde. Gern würd' ich euch Zeichnungen senden; wird es aber angehen? Daß ich lieber David und Salomo in Einer Person, als David allein gewesen wäre, wißt ihr so gut wie ich. Doch murr' ich nicht, und gern stellt es David seinem Sohne Salomo anheim, ein Werk zu vollenden, das herrlich angefangen ward. Ist dem Salomo dies Werk bedenklich, da ihm die Ehre versagt ist, Johanniterordensritter zu werden, so fange er immerhin ein anderes an – nach Belieben. – Mein Segen über ihn und über sein Dichten und Trachten in diesem und jedem andern Weinberge des Herrn! Wahrlich die Natur hilft mir sterben: sie ist immer, bis auf die Mütze, sehr gütig gegen mich gewesen; auch hab' ich ihr mit Wissen und Willen nichts in den Weg gelegt. Ich sterbe auf ihren Namen. – Meine Krankheit hat mich vom Leben nie mehr abgezogen, als meine Grundsätze, die alle es dazu anlegten, ritterlich zu leben und ritterlich zu sterben. – Ich saß nie, wie es von Maleficanten heißt, auf den Tod; – ich war so wenig ein Knecht des Todes, als ich je Knecht irgend eines Menschen gewesen bin. Ich lebte, bis ich sterbe; ich sterbe, weil meine Stunde schlägt; ich gehe zu Bette, weil ich schläfrig bin. Eine leichte Todesart! Es ist genug; so nimm nun, Herr, meine Seele, bin ich besser als meine Väter! ist meine Losung. Mir fehlt nichts, als daß ich sterbe. So sind meine letzten Stunden selbst ein herrliches Geschenk der Vorsehung, da ich in ihnen die schöne Natur bis zum allerletzten Augenblicke zu sehen, und ihre Gaben, wenn gleich in kleinerem Maße, zu genießen hoffen darf. – Ich war sehr für den Genuß des gegenwärtigen Augenblicks. – Besser

Zeichnungen auf dem Papier für etwas Wirkliches ansehen, als den heutigen Tag fliehen, ihn vernachlässigen, wie ein galanter Geck von Ehemann sein Weib vernachlässiget, weil er mit ihr copulirt ist. Die Zeit tödten, heißt den gegenwärtigen Augenblick verstoßen und es mit der Vergangenheit und der Zukunft halten. Alles hat seine Zeit: die Zeit, und bald hätt' ich gesagt auch die Ewigkeit. Mit Gottes Hülfe will ich keinen Augenblick vom Leben verlieren – und allem Vermuthen nach werd' ich hier noch das Frühstück halten und in der andern Welt nicht zu spät zum Mittagsmahl kommen, wo Manna und Nektar-Trank und Speise sind. Wünscht mir eine gesegnete Mahlzeit! und ich? herzlich wünsch' ich euch eine fröhliche Nachfolge. – Was der Mensch säet, wird er ernten. – Mein Gewissen macht mir keinen Vorwurf. Ich halte mit allen Menschen, so gar mit den Türken, Frieden, und über meine Seele schwebt der Friede Gottes, welcher höher ist als Alles, was die Welt besitzt und geben kann. – Meine unglücklich-glückliche Wechselsache und der Subhastations-Rechtsstreit machten mich proceßscheu; ich kaufte mir Processe gleich bei ihrer Entstehung, und ehe sie noch zu Kräften kamen, ab; ich erstickte sie in der Geburt. Ohne allen Zweifel wären sie mir sämmtlich nicht so hoch zu stehen gekommen, wenn ich in den breiten Weg der drei Instanzen eingeschlagen hätte. Wer den Reichthum aus einer andern Ursache schätzt, als um sich dadurch Ruhe zu kaufen, verdient nicht reich zu seyn, und macht der Vorsehung Vorwürfe, daß sie Reichthümer oft an noch unverdientere Menschen spendet, als Ehrenstellen. Mein Geist scheint in eben dem Maße an Stärke zuzunehmen, als mein Körper ermattet; und dies läßt mich hoffen, daß, wenn mein Leib eine Leiche, Erde und zur Erde geworden, mein Geist sich in sein eigentliches Wesen versetzen wird, in welches er an frohen Tagen sich so gern entzückte! Ach, was ich so oft sagte, ist noch im Sterben meine Losung:

Eldorado ist nicht hier; unter der Erde ist Eldorado. Diesen Wahlspruch legire ich meinem Einzigen. – In Eldorado ist Friede und Wonne! Doch jetzt, da es zum Sterben geht, möchte ich meine Firma verändern. Unter der Erde ist mir zu traurig; und warum nicht eine Wortveränderung, die so klein ist? Die Sache bleibt – Eldorado ist in der bessern Welt. Wie dünkt es dir am besten? Ueber der Erde, scheint tröstlicher, als unter der Erde. Dort oben brennen immer Lichter; unter der Erde ist es finster. Selbst die mit Blumen besäete Wiese – kann sie sich gegen den gestirnten Himmel messen? Doch sey es dir überlassen, ob über oder unter, nachdem du Lust und Liebe hast, dir eine Landcharte von der Zukunft zu zeichnen, mit der man nicht so leicht als mit der vom irdischen Jerusalem fertig werden kann. Ueberhaupt ist es übel mit den Worten; kann man sie wohl zum Stehen bringen? – Wenn der Leib untergeht, geht die Seele auf. – Thue Gutes, liebe Sophie, den Kindern und Angehörigen des Küsters, des Nachtwächters und des Hirams. – Ist dem letzten noch zu rathen und zu helfen, rathe und hilf ihm! Das Gewissen beißt mich nicht wegen dieses Dreiblattes von Leuten: ich gab ihnen nicht Aergerniß; sie nahmen es. Dem Hofmeister, *Heraldicus junior* genannt, verehre ich eine Pension auf Lebenslang von 200 Thalern. – Dem Herrn Pastor schenk' ich einfür allemal 1000 Thaler. Eben so viel sollen unter Arme an meinem Begräbnißtage vertheilt werden. Meine liebe Sophie wird verzeihen, daß ich mich in ihr Departement, dem sie so musterhaft vorstehet, einmische. Dem Andreas Kloz, der mich zu verklagen drohete, geb' ich einen Freiheitsbrief und 100 Reichsthaler; und seiner Tochter, die ihn dazu aufhetzte, gerade so viel zum Brautschatze. Ich bin so furchtlos, daß ich nie in meinem Leben freier geredet habe und mehr meiner selbst Meister gewesen bin, als jetzt! Mir braust keine Meereswoge; – es blitzt nicht um mich her; ich sehe keine finstere Wolke; ich höre keine Donnervorboten. Nichts klirrt mir wie Ketten; ich gehe in's Land der Freiheit. Alles ist so heiter und ruhig um mich her, daß es eine Lust zu sterben ist. – Weiß ich, was ich w a r, als mir die Menschenrolle zugetheilt ward? Und warum will ich wissen, was ich seyn werde, da der Vorhang fällt und da mein Gewissen mir klatscht? – Ich komme auf eine andere, höchst wahrscheinlich auf eine höhere Klasse; – auf eine bessere, als *Prima* und *Secunda* in Jerusalem waren, ohne allen Zweifel. – Der Tod ist eine Wiedergeburt zur Geisterwelt und zu mehr intellectuellen Kräften. – Diese Fackel der Hoffnung soll mir leuchten auf den finstern Pfaden des Todes. – Bald wird diese Rolle ausgespielt, ja wohl aus g e s p i e l t, seyn! bald! Kein Tag ohne Linie! der Tod zieht die letzte diesseits – nicht auf ewig! – Der Tod ist feierlich, weil er ein Gast ist, der nur Einmal kommt. – Denkt an den Gastvetter und die Unbekannte! Nur drei Wochen länger geblieben, und sie wären geworden wie unser einer! Hätten wir mehr in den Orden der Verschwiegenheit aufgenommen, würde seine Aufnahme so feierlich geblieben seyn? – Würd' ich mich nicht selbst hassen, wenn ich den Tod hassen wollte? Würd' ich nicht das Leben hassen, wenn ich zittern und zagen wollte, zu sterben? – Der sogenannte Tod ist eine enge Pforte zum neuen Leben und einem veränderten Seyn. Wer auf Kosten des Todes lebt, ist ein eben so großer Thor, als wenn er auf Kosten des Lebens stirbt. Leben und sterben ist aus Einem Stück. Wir machen hier Platz weil dort uns Andere Platz machen. Ohne Zweifel wird es mit dem Erdentode nicht aufhören, sondern noch unendliche Male werden wir sterben, das heißt: zu einem andern und immer bessern Leben befördert werden. Sterben nicht Alle, die leben? Werdet ihr nicht auch sterben? Starben unsere Vorfahren nicht? und wer wollte nicht in so guter Gesellschaft seyn, wer wohl gern allein übrig bleiben, und dem ewigen Einerlei sich unterwerfen, das zuletzt anekeln muß? Wahrlich, wer vorausgeht, hat einen Schritt vor uns. Er hat vollendet; nicht Alles, doch das Menschenleben: – ein besonderes Leben! Kaum hätt' ich Lust und Liebe, es von vorn anzufangen; und doch gab es herrliche Zeitpunkte in diesem Leben. Auch sterben in dem Augenblicke, da ich sterben werde, viele Hundert Menschen, so daß ich gewiß nicht ohne Gesellschaft bleiben kann. Sicher werden zum Mittagsmahl, dem ich entgegen gehe, viele aus Osten, Süden, Westen und Norden anlangen, die zum erstenmale die Ehre haben, dort zu Tische zu sitzen. Kommt es auf die Lebenslänge oder auf die Lebensreife an? Wäre oder schiene der Tod nicht etwas bitter – wer würde leben? – Das Abschiednehmen, die Vorbereitungen sind das Schrecklichste. Ich nehme heute von euch Abschied, meine Lieben! und nach meiner Art etwas weitläufig, damit ich mich, wenn es zum Sterben geht, desto kürzer fassen könne. – Bis auf's Wiedersehen! mehr wird Euch mein sterbender Mund nicht sagen. – Ich denke, noch viele Tage, vielleicht viele Wochen, bei euch zu bleiben. Lebt wohl, wohl, wohl, bis auf's Wiedersehen! – Schrecklich wäre es, wenn wir uns dort zusammenfänden, ohne uns wieder zu kennen! Schrecklich! – Wir werden wiederkommen, gen Zion kommen! – Freude wird über unserm Haupte seyn; wir werden uns kennen und erkannt werden, Halleluja! Hat man einen hohen Thurm erstiegen – wer fürchtet nicht, herab zu stürzen, obgleich ein Geländer vorhanden ist? Diese Art von Schwindel, dies und nichts mehr nichts weniger, ist der Tod. Auf Ehre und Redlichkeit, nichts mehr nichts minder! – Auch soll mich Niemand betrauern. – Geht, wenn ich begraben bin, und auch nachher, zuweilen in meine Rittergarderobe. – Solches thut zu meinem Gedächtniß. – Von meinen Bedienten erhält jeder 100 Thaler zum Geschenk; ist er unterthänig, einen Freibrief. Außer den

Ordenskleidern werden Wäsche und Kleider unter sie vertheilt. Sorgt dafür, daß nicht Würmer in die Ordenskleider kommen! es wäre doch Schade! und wie lange sie sich halten können, beweiset Kaiser Karls des Großen alter dalmatischer Rock, mit dem der angehende Kaiser am Krönungstage paradirt, weshalb ihn so leicht Niemand beneiden wird. – – Zwar hat meine Neigung zu Hunden gegen die vorige Zeit abgenommen; doch hab' ich noch unter ihnen Lieblinge, die ihr kennt. Laßt sie meinen Hintritt nicht empfinden. Bedauern werden sie mich ohnedies. – Gebt ihnen, bis ihr Stündlein kommt und sie stürzen, ihren Unterhalt reichlich, und vergeßt nicht, daß die Thiere sich, wie wir, nach Erlösung und Veredlung sehnen! – Ich fürchte, der ehrliche Greif stirbt mir nach! – und wenn wir gleich nicht zusammen an Einer Tafel essen werden – es sind dort gewiß auch Domestikentische für Seelen der Thiere; da wird er sein Couvert finden. – Gewiß, lieber Greif, du wirst nicht zu kurz kommen! du braver Hund! – Wird aus der Erschienenen eine Bleibende, aus Fräulein Unbekannt Fräulein Bekannt, so grüßt Sophien von mir. Gern hätt' ich sie näher kennen lernen! Eine schöne Person! Außer meiner Sophie, von der sie viel Aehnliches hat, hab' ich sie nie schöner gesehen. – Lebt Alle wohl, und sterbt, wenn euer Stündlein kommt, so glücklich, wie ich! – Hab' ich euch, Gemahlin oder Sohn, auch nur durch eine Geberde beleidigt – vergebt! und findet es sich, daß ich ohne mein Wissen Jemand Unrecht that, berichtiget es um Gottes willen! Ich ging meinen Lebenslauf peinlich durch, und fand nur Zweierlei zu ersetzen, obgleich beide Fälle noch zweifelhaft bleiben. Lieber leiden, als leiden lassen; doch wer kann wissen, ob er nicht unwissend fehlte! Diese Ersetzungen vermach' ich euch, ihr guten lieben Seelen, die ich herzlich liebe und lieben werde ewig, ewig! – Er gab Jedem die Hand, und lebte nach diesem Abschiede noch drei Tage und dreimal drei Stunden, wie unser Held es sorgfältig verzeichnete, der nach der Abreise seines Freundes auf die Zahlen starke Jagd machte. Auf seine Rechnung gehören die Zahlen, die, so wie überhaupt, so insbesondere in den letzten Paragraphen, vorgekommen sind, und ohne Zweifel noch vorkommen werden, obgleich unser Held gewiß auch nie vergaß, sich alle Monate drei Hemden anzuziehen, und sich gewisser Speisen zu enthalten. Getrost, aus Grundsätzen sterben, ist ehrenwerth; und aus lichterloher Imagination? ist auch nicht zu verachten. Springen nicht Grundsätze oft über den Zaum? laufen sie nicht zuweilen aus der Schule? – Es ist gut, sie durch Imagination zu binden, die sich oft auch mit Exaltation verträgt und da noch ihre Kraft behauptet, wo Grundsätze bestehen – wie Schnee in der Sonne. – Nach einiger Zeit empfahl der Ritter seinem Sohne einen

§. 76.
Begleiter,

der seinen §. hinreichend verdient. Protagoras war in seiner Tugend ein Tagelöhner, der, außer vielen andern Tagelöhner-Arbeiten, auch Holz zu tragen verpflichtet ward. Demokritus, der ihm begegnete, fand das Holz so geschickt zusammengelegt und gebunden, daß er den Protagoras befragte: wer es so künstlich zusammengebracht habe? und nachdem der Holzträger seine Behauptung, es selbst zu seyn, in seiner Gegenwart durch einen thätlichen Beweis außer Zweifel gesetzt hatte, warb er ihn zu seinem Schüler, wie der Werbehauptmann unsern Helden; – und der Holzträger ward ein Philosoph. Setzet anstatt Protagoras und Demokritus Pastor und Michael, und anstatt des Holzbündels den Katechismus, so wißt ihr, woran ihr seyd, und was ich sagen wollte. Dieser

Knabe legte das Holz des katechetischen Unterrichtes so meisterhaft, daß der Pastor ihn dem Ritter empfahl, der ihn dann gemeineren Arbeiten entzog und zu einer bessern Klasse der Dienste bestimmte. Michael hätte vielleicht Protagoras werden können, wenn unser Pastor Demokritus gewesen wäre, wozu er indeß keine Anlage zeigte. Vielmehr besprengte unser Pastor diese schöne Pflanze mit so mystischem Weihwasser, daß sie ganz etwas Anderes ward, als sie von Natur wegen hätte werden können. Der testirende Ritter wählte ganz von ungefähr einen Ausdruck, der unsern Michael ziemlich deutlich bezeichnete: Begleiter! Zwar nahm ihn von Stund an unser ABC als Diener zu sich; doch war Michael mehr. – Und was? – Frage, Freund: was nicht? Denn mit mehr kann ich in diesem §. nicht dienen. Michael gehörte nicht zu Theaterdienern, die, wenn sie gleich, so wie er, mitsprechen und mithandeln, es immer auf eine Weise thun, die weder den Herrn noch seinen Diener gekleidet haben würde. Michael war nicht der Leib, und sein Herr die Seele, – oder umgekehrt; – doch machten sie ein Paar, das schwerlich sich besser zusammen finden konnte.

Die Ritterin hatte, ohne daß das Schlafstübchen der Frau Landpflegerin (außer in Rosenthalischen Träumen) nur angefangen, geschweige fertig war, einen

§. 77.
Traum,

der auf den Hintritt ihres Gemahls anspielte. Sie sah einen Ritter in voller Kleidung auf einem weißen Pferde um das himmlische Jerusalem dreimal herumreiten, den Kopf unter dem Arm, den Sattel des Schimmels in Perlen gefaßt. – Mit den lieben Traumperlen! In der Regel bedeuten sie Thränen; und in der That, die Ritterin beweinte ihren Verlust bitterlich.

Sie liebte ihren Gemahl bis in den Tod! – Ach, es war ein gutes Paar! – Dieser Traum der Ritterin, der wegen seiner Bescheidenheit wenig Anhang fand (Traum- und Wunsch-Bescheidenheit findet selten Beifall), ward durch Dinge von größerer Wichtigkeit ganz und gar verdrängt. Da hatte man einen alten Herrn in langem schwarzem Mantel gesehen, dessen Schleppe den ganzen Kirchhof bedeckte, und dieser Herr war so groß, daß er sich mit dem Kirchthurm maß, und da er weit über ihn hinwegragte, schämte sich der Kirchthurm, daß er blutroth ward. Dieser Ritterriese ließ sich zwischen 11 und 12 Uhr in der Nacht sehen; doch nur Sonntagsaugen erblickten ihn in Lebensgröße. Einigen Alltagsaugen kam er nicht viel größer vor, als ein Fingerlein, und noch andere Alltagsaugen konnten ganz und gar nichts sehen. – Auch gab es Sonntagsriecher, die, wenn die Erscheinung vorbei war, einen Stern-Anis-Geruch verspürten, wogegen Unsonntagsnasen, bei aller Anstrengung der Geruchsnerven, nichts entdecken konnten. Diese Gesichte und Gerüche brachten so manche andere Ereignisse voriger Zeit zum Vorschein; und da erinnerten sich alte Leute an Unglücksstellen, wo kein Sonntagspferd hinginge, wenn man ihm auf der Stelle das Leben nähme. – Es giebt Pferde wie Menschen, ward behauptet: Pferde, die alles sehen, Riesen und Fingerlein, und andere, die nichts sehen. Wie es Pferde halten, weiß ich nicht; daß es aber Fälle giebt, wo Menschen nicht sehen und doch glauben – ist das zu bezweifeln? Pferde, die sich ohne Ursache bäumen, nennt man scheu; giebt es nicht auch dergleichen scheue Menschen? – Doch warum Abschweifungen? – Es ward über die weiße und schwarze Frau, über den weißen und schwarzen Mann weiß und schwarz commentirt. Die Alten-Weiberbeitrage liefen alle auf Blut hinaus; in den Alten-Männergeschichten kamen rasselnde Ketten, Nasenstüber, auch wohl streitende Heere am Himmel vor, doch ohne daß diese Heere

Blut vergossen. Hundert Erzählungen, die eben verjähren wollten, wurden aufgefrischt und ihre Präscription gehemmt. Der Junker, der wenigstens neunmal mehr als andre Jünglinge zum Wunderbaren geneigt war, obgleich die Liebe zum Wunderbaren der Jugend und dem Alter eigen ist, glaubte über kurz oder lang zum nähern Aufschlusse so mancher Dinge zu gelangen, deren Grund und Ungrund vergebens von den Philosophen nachgespürt worden. Der Anfang war durch den Orden der Verschwiegenheit, und durch die Vocal-Geschicklichkeit gemacht, vermittelst welcher letzteren er auf ein Haar zu bestimmen im Stande gewesen war, daß der Ritter früher als seine Gemahlin sterben würde, was man freilich auch ohne Vocal durch die Mütze ziemlich deutlich hätte herausbringen können. – Daß unser Ritter im Stufenjahre starb, versteht sich von selbst. Außer dem erzählten Traume fielen noch

§. 78.
Anzeigen

und andere Träume vor, die ich um Vieles nicht mit Stillschweigen übergehen könnte; als da sind: Drei Tage vor der letzten Krankheit des Ritters verlor die Ritterin sein Bild in Miniatur von ihrem Armbande; ein Geschenk ihres Vielgeliebten am Hochzeittage. – Ohne daß sie es gemerkt hatte, war es ihr entfallen; und obgleich dem Finder von drei Kanzeln ein stattliches Findegeld zugesichert ward und der *Pastor loci* nicht nur bei dieser Kanzel-Aufforderung, sondern auch bei'm Suchen selbst sich viele rühmliche Mühe gab, so hat dieses Bild sich doch nie wiedergefunden – nie!

Drei Tage nach dem Anfange der letzten Krankheit des Ritters fiel der Blick der Ritterin ganz von ungefähr in den Spiegel im Zimmer, wo der Ritter auf einem Sopha, ich weiß nicht ob lag oder saß, während ihm sein Krankenbett gemacht ward. – Schrecklich! Er erschien ihr in Todesblässe im Spiegel, und bei'm Schauder, der ihr durch die Seele ging, war es, als hörte sie die Stimme: Sein Grab wird gemacht! –

Auch hatte die Ritterin einen Fenstergarten, den man zu dieser Frist *jardin portatif* nennen würde. Dieser Garten, der aus dreimal drei Töpfen bestand, verdorrte in einer Nacht. Die Ritterin mochte diese Töpfe weiter nicht sehen, indem sie dadurch zu lebhaft an den Verlust ihres Gemahls erinnert worden wäre. –

Ich fing mit einem Traum an, und will mit einem enden. Warum auch nicht?

In der Nacht vor dem Tode des Ritters sah sie (im Traum) auf den Mauern Jerusalems den Schatten jenes Weherufers. Ueberwunden! rief er; überwunden! und zum drittenmal: überwunden! Jetzt verschwand der Schatten – die Mauern stürzten ein, und kein Stein blieb auf dem andern. –

Unser ABC gab sich viele Mühe, als ihn seine Mutter nach dem Hintritt des Ritters mit diesen Anzeigen und Träumen bekannt gemacht hatte, gleichfalls Postscripte von dergleichen besondern Vorfällen zu erfahren, um eines Theils in Träumen Niemanden, und wäre es auch seine leibliche Mutter, etwas nachzugeben; andern Theils aber, um über dergleichen wichtige Gegenstände dem Werbehauptmann in der nächsten Epistel berichten und sich Verhaltungsbefehle erbitten zu dürfen. Indeß schlief er zu fest, um zu träumen, sah im Spiegel nur sich, und – da er kein Armband trug, so war es unmöglich, eins zu verlieren. – Ein *jardin portatif* würde freilich am leichtesten zum Verdorren zu bringen gewesen seyn, wenn er ihn nicht begossen hätte; allein die Aufgabe war: dreimal drei Blumentöpfe sollten bei hinreichendem Wasser verdorren; und diese Aufgabe war unerreichbar. *Pastor loci* fand im verlornen Portrait ein unerklärliches Räthsel; der

Junker in der Zahl Drei. – Drei Tage vor seiner Krankheit, sagte ABC. – Vielleicht ein Ohngefähr, erwiederte der Pastor. – Warum nicht gar! versetzte der Junker; dann wäre das verlorne Portrait ein noch größeres Ohngefähr. Warum gab es eben sieben Weisen in Griechenland? warum nicht mehr oder weniger? – Der Pastor war vermittelst der sieben Weisen völlig überzeugt. – So kann in Glaubenssachen ein Senfkornumstand viel beitragen! – Mit der heiligen Zahl Drei hätte denn doch unser Pastor auch bekannter seyn können und seyn sollen; können: da jedes Ding von Wichtigkeit seine drei Worte im Vermögen hat, und in Allem, was werth ist zu seyn, sich Geist, Seele und Leib befinden; sollen: da er trotz dem Simeon vom Glauben zum Schauen sich sehnte. – Die

§. 79.
Vigilien

vor dem Begräbnisse des Ritters? In der That erbaulich. – Die Begleiter der Leiche Alexanders des Großen, die wegen ihrer Reden bekannt sind, hätten hier lernen können. Wohl dem, der am Ziele ist! – (Ach freilich wohl! und wär' es auch nur ein Buch-Ziel!) – Er hat überwunden; wir streiten noch. – Heil dem, der aus dem streitenden Jerusalem in das triumphirende einging! – Dreimal Heil dem, der, wie Er, als ein gebetener Gast eilte, um bei'm Mittagsmahle der Herrlichkeit nicht zu verspaten, wozu er eingeladen war! – Der Tod ist eine Genesung von einer langen Krankheit. Wer weiß, wann er einschläft! Eben so wenig wird man wissen, wann man stirbt. Lasset uns Gutes thun und nicht müde werden; wir ernten ohne Aufhören. – Wenn das Feuer auszugehen schien, ging man zum *Castro doloris*, welches dem Ritter bereitet war. Hier brannten so viele große Wachslichte, als er Jahre zurückgelegt hatte. – Zwölf Gemeinde-Aeltesten hielten die Ehrenwache. – Diese Zwölfe hatten ihre Haare, ich weiß nicht warum, in einen Zopf gezwungen. Nichts kann so entstellen und schmücken, wie das Haupthaar. Hier ist die Residenz der Affectation und der Anständigkeit. – Der Geschmack läßt sich den Kopf nicht nehmen. – Die Haare unserer Zwölfe hatten das Schicksal ungesalbter Dichter, denen Worte und Gedanken sich widersetzen, wenn sie beides in einen Zopf zwingen wollen. Oder ist dies Gleichniß nicht erhaben genug? Es ging den Zwölfen, wie in einem freien Staate, dessen fliegendes Haar in eine Monarchie verwandelt wird! – Da jeder von diesen Nationalgardisten dieser Feierlichkeit halben zum Andenken ein Communionskleid erhalten hatte, das, wie alle neue Kleider, nicht sonderlich saß, so hatten sie auch von dieser Seite kein geistlich-militärisches Ansehen. – Schmerz über den Verlust eines braven Herrn, und Freude über das erhaltene Ehrenkleid durchkreuzten ihr Gemüth noch überdies, und man konnte sich bei warmen Thränen des Lächelns nicht enthalten, diese ehrlichen Gemeinde-Aeltesten *in pontificalibus* zu sehen. Den folgenden Sonntag gingen alle Zwölf *ad Sacra*, obgleich ihre Zeit respective noch 3, 5, bis 7 Wochen lief. – Auf dem Sarge lag die ganze Rüstung und der Degen, alles in's Kreuz. Das

§. 80.
Abendessen

vor dem Begräbnißtage war sehr einfach, und sah einem Liebesmahl, einer Agape, ähnlich. Unser Ritter hatte keine Nacht bei den Waffen in irgend einer Kapelle gebetet, auch nicht nach Ritterweise eine Ritter- oder Waffenwache gehalten. Diese Vigilien übertrafen an Feierlichkeit eine Ritter- oder Waffenwache bei weitem.

§. 81.
Das Begräbniß

gab der Einfachheit des Liebesmahls nichts nach. Gern hätte die Ritterin sich unterrichten lassen, wie die Exequien für einen Johanniterritter eigentlich einzurichten wären; indeß fand sich Niemand, der die Art des Begräbnisses näher angeben konnte. Da *Heraldicus junior* bei'm *Castro doloris* Flickarbeit geleistet hatte, so ward ihm dieses Ehrenwerk zutrauensvoll ganz besonders übertragen; doch konnte er keinen Fingerzeig in seiner heraldischen Rüstkammer finden und in dieser Grabesfinsterniß der Unkenntniß keine Lampe anzünden. – Am Ende sah man sich der Nothwendigkeit ausgesetzt, sich über folgende Solennitäten einzuverstehen.

Zuerst ging ein schwarz gekleideter Jüngling, der ein weißes Kreuz und eine ausgelöschte umgekehrte Fakkel in beiden Händen trug, und von Zeit zu Zeit in die Worte ausbrach: Sehet! wir gehen hinauf gen Jerusalem. Sodann ward ein Paradepferd von einem Stallknechte geführt, welchem dieser Feierlichkeit halber der Charakter als Stallmeister ohne Chargen-Ausgaben beigelegt ward. Der Anblick des Pferdes brachte die Zuschauer zu den lautesten Klagen: Er ist nicht mehr! – Man hatte sich nie vorgestellt, was für Wirkung ein dergleichen Paradepferd ohne Reiter zu machen im Stande wäre. Ein Pferd dieser Art thut nicht anders, als hätt' es seinen Reiter eingebüßt; und ist das nicht ein rührender Anblick? – Wenigstens ein weit rührenderer, als wenn der Reiter das Pferd verliert. Unser Pferd hätte gewiß noch mehr Wirkung gethan, wenn der Ritter, der seit länger als drei Jahren, seiner Hauptflüsse wegen, kein Pferd bestiegen hatte, dieses leidtragende Paradepferd in seinem Leben geritten hätte. Doch zog man, um diese Illusionsstörung zu schwächen, in weise Erwägung, daß der Ritter es hätte reiten können! Freilich! Jetzt wurden drei Hunde an schwarzen Stricken geleitet. Daß der liebe Greif unter diesen dreien nicht war, versteht sich von selbst. – Man wollte bemerken, daß Hunde und Paradepferd Thränen in den Augen gehabt hätten. – Wer weiß, ob und warum? – Nun gingen Dienerei und Stallleute paarweise. Protagoras folgte mit dem Kammerdiener im ersten Paare, ohne daß die andern älteren, und selbst der Silberdiener und Tafeldecker, ihm den Rang streitig machten; – alle in ihren Feierkleidern mit langen Flören, die von den Hüten bis zur Erde hingen. Dann folgten sieben junge Leute, die bei der Rosenthalischen Domainen-Kammer angestellt waren, schwarz gekleidet. Diesen waren die vorzüglichsten Insignien des Johanniterordens anvertrauet, wozu auch ein Foliobuch, um die Ordensregel anzudeuten, gehörte. – Ein altes Rechenbuch leistete mit vielem Anstande diesen Dienst. Der Kammer-Director trug auf einem schwarzen Kissen den Orden. Auch hatte er den Auftrag, wenn man den Sarg beisetzte, demselben die feste Versicherung anzugeloben, daß nach wenigen Generationen diese Sonne wieder aufgehen würde. Der Kammerrath, welchem man den Schnabelmantel zugetheilt hatte, war so unbeholfen, daß er dieses Ehrenstück dreimal fallen ließ; auch dem Kammer-Director entfiel, wiewohl nur einmal, der Orden. – Jetzt ward eine Fahne des Kreuzes getragen; zu beiden Seiten gingen Marschälle mit ihren Stäben – Der Fähnrich und die Marschälle waren mit mehr Flor von oben bis unten behangen, als alle Anderen. Man hatte diese drei Subjecte aus einer der nächsten Städte gemiethet, wo Marschälle und Fähnriche wohlfeil zu haben waren. Die Leiche ward von sechs mit schwarzem Tuch behängten Pferden langsam gezogen. – Unser Held war mit der Zahl 6 unzufrieden, und wünschte überall 9. Warum? Weil sein Conductor bei der Gelegenheit, als er seinem Novicius die Zahlenobservation nahe legte, die Zahlen 3, 7, 9 und 10, als Vocale unter den Zahlen, mit Ehrfurcht nannte. – Vocales unter den Zahlen? – Hat nicht Alles in der Welt seine Vocales? dachte unser Novicius. – Die zwölf Aeltesten gingen zu Fuß neben her. – Unweit der Kirche erschien der Schulmeister und Organist mit seinem Musenchor von neun Knaben, die aus vollem Halse das Ritterlied: Erhalt' uns, Herr, bei deinem Wort, nach der Verbesserung des Pastors abschrieen. – Bald hätt' ich vergessen, daß drei Wagen mit sechs Pferden bespannt die Leiche begleiteten. – An der Kirche ward der Sarg von den Zwölfen vom Leichenwagen gehoben und bis zum Altare getragen, den der Pastor erstiegen hatte, um über die Johanniterordens-Worte, Offenbarung Johannis XII. V. 7 bis 9. eine rührende Leichenrede zu halten. Die Worte lauten wie folget: Und es erhob sich ein Streit im Himmel. Michael und seine Engel stritten mit dem Drachen, und der Drache stritt und seine Engel und siegten nicht, auch ward ihre Stätte nicht mehr funden im Himmel. Und es ward ausgeworfen der große Drache, die alte Schlange, die da heißet der Teufel und Satanas, der die ganze Welt verführt, und ward geworfen auf die Erde, und seine Engel wurden auch dahin geworfen! – Die oben bemeldete Procession stand während der Leichenrede am Altar.

Ob es dem Pastor leicht oder schwer geworden, die Regeln der Taktik bei diesem himmlischen Kriege zu enträthseln, und die Türken, den Großherrn, Großvezier, Veziere, Bassen, Agas in dieser Weissagungsstelle zu finden, muß ich wohlerfahrnen Auslegern der Apokalypse zu entscheiden überlassen. Cato schloß alle seine Reden: *ego vero censeo, Carthaginem esse delendam*; und unser in Gott ruhende Ritter behauptete bei der Anwesenheit des in Gott andächtigen Consistorialraths und seines weltlichen Gesellen, daß viele Geistliche ihre Texte, so wie viele ungeschickte Aerzte ihren

Patienten, behandelten, und an seinem Prediger Exempel nehmen könnten, der mit seinen Texten, auch selbst mit den widerspenstigsten, die sich schwer deuten ließen, sanft, wie mit gutartigen Kindern, umginge. Es war nichts übereck in der Leichenrede, sagte der Nachbar, der bei Gelegenheit der Aufnahme unseres Helden an der Verschwiegenheit zum Ritter ward, ob gleich, wenn er auch der wohlerfahrenste Scheidekünstler in der Redekunst gewesen wäre, es ihm Mühe gemacht haben würde, hier etwas auszusüßen und abzusiegen. Die Ritterin war zu betrübt, um sich durch eine Altarrede über Michael und seine Engel stören zu lassen. Desto besser! – Protagoras der Begleiter war so stolz, als würde sein Namensfest gefeiert. Die Kunst zu trösten war unsers Leichenredners Sache nicht; und die meisten Menschen sind leidige Tröster. – Wer nicht das Herz künstlich verwunden, den halb oder am unrechten Orte gebrochenen Arm künstlich und gehörig ganz zu brechen versteht, besitzt auch die Kunst nicht, zu heilen und zu verbinden. Die Nachbarin und ihre Töchter waren des kritischen Dafürhaltens, daß unser Leichenredner auch selbst in der Offenbarung Johannis einen bessern Text hätte auftreiben können; indeß nahm sich unser Vocalheld Michaels und seiner Engel an, und die Damen traten bei. – Da ist ja, sagte der Nachbar, auf den Junker und seine Töchter zeigend, Michael und seine Engel; und machte seine Töchter roth – den Junker nicht. – Der Begleiter lächelte; ich möchte wissen, warum?

Als etwas Besonderes ward bemerkt, daß auf Stirn und Gesicht unsers Ritters sich keine Falte zeigte. – Kein Fluch, sagte die Ritterin, beunruhigte den Seligen; seine Rechnung war rein und richtig abgeschlossen, und kein Deficit quälte seine scheidende Seele. – Will man sagen, er war tugendhaft, weil er keine Gelegenheit hatte, lasterhaft zu seyn, fügte die Nachbarin hinzu, so irrt man: er war reich. – Der Nachbar bemerkte: seine leichten Ideenspiele berührten ihn noch sanfter, als Schmetterlingsflügel – und auch Niemanden von seinen Freunden und Freundinnen fielen sie schwerer. Die ABC-Töchter weinten, ich weiß nicht, ob um ihren Herzen Luft zu machen, oder ob dem ABC-Junker zu Liebe. *Heraldicus junior* schloß mit dem Dank an den Leichenconduct: „Wir haben gethan, was wir zu thun schuldig waren. Der Unvergeßliche“ (das Legat begeisterte seine Zunge) „hat eine gewisse Feierlichkeit naturalisirt; und die Rosenthalische romantische Gegend schien diese Neigung zu begünstigen! – Was an äußerer Feierlichkeit abging, Verewigter! das ersetzten unsere Herzen.“ – – Ohne Zweifel wird man auch mir erlauben, mich in diese Nachreden zu mischen. Schwärmer genießen Alles voraus, Philosophen Alles hinterher. Seht da! den Grund von dem runzellosen Gesichte der Schwärmer im Leben und im Tode, und von den Furchen in den Gesichtern der Philosophen, die sich in ihren Hoffnungen so oft betrogen finden! – Gott tröste sie! –

Daß ich übrigens die veralteten und verjährten deutschen Wörter unsers Ritters nicht beibehalten, sondern nur selten davon ein Pröbchen gegeben habe, wird meine Leserwelt hoffentlich mit Dank erkennen. – Hiermit

§. 82.
Ruhe wohl,

edler Ritter! Deine Werke folgen dir nach! – Nie werde deine Asche durch den Fuß eines Drachen von Türken entweihet, und wenn eine Schlange von Mamelucken diese Straße zieht, und lästern will, falle ihm von dieser heiligen Asche so viel in die unrechte Kehle, daß er sich bekehre und lebe! – Ruhe wohl! – Der Tod ist ein ächter Ritter, gewiß mehr fröhlicher als trauriger Gestalt. – Er überwindet die Drachen des

Lebens, läßt den Körper das heilige Grab erobern und einnehmen, während der Geist zum himmlischen Jerusalem eingehet. Nach diesem Elend ist ihm bereitet Eldorado der Ewigkeit! – Du starbst ritterlich. Wohl dem, der es vollbracht hat! – Dich suchten ein fälliger Wechsel, ein weiser Vetter, eine Consistorial-Commission – und so manches Andere heim, ohne an deine Mütze zu denken. – – – Und was drängt und drückt mich, ohne daß ich eine Mütze tragen darf, und mit einem abgelaufenen Wechsel von einem Aemsigen bedrohet werde? Staatsgeschäfte, an denen man den Undank im Original kennen lernen kann! Ach! ein Jerusalem anderer Art, das da tödtet die Propheten, und steinigt die zu ihm gesandt sind – und wo wahrlich kein Schlafstübchen der Frau Pontius Pilatus vorhanden ist, um des Tages Last und Hitze zu verträumen! – Und wenn ich als Schriftsteller mich erholen will – wer sucht mich heim? Wahrlich kein reisender Vetter, keine Consistorial-Commission – die, sobald sie weinwarm war, mit sich handeln ließ. Da wollen Prophetenknaben zu Rittern an mir werden! Eben heute (den 26. October 1792) les' ich eine Recension, in der man den Prophetenknaben an seinem Vivat- und Pereatgeschrei, und an seinem Fensterwurf mit Händen greifen kann. Lieber Gott! dies Knäblein vergreift sich an einer Schrift, bloß weil sie in seinen ästhetischen Heften sich unter keine Rubrik bringen lassen will! Mit den lieben Heften! Immerhin! ich will keinen Bären aussenden, der diesen Knaben in seinem Spiele störe, um ihm seinen Freitisch nicht zu verderben, und den Groschen zu entziehen, den ihm der Verleger zahlt! – Oder wie? ist es – selbst? Nun, wahrlich, dieser Schwächling wird nie die Kinderschuhe ausziehen und über seine Hefte kommen. – Guter Ritter, verzeihe mir diese Nutzanwendung, die mir an deiner Gruft s o w o h l t h u t! Sie fiel deinem Leichenredner nicht in's Wort, noch der Kritik über seine Rednergaben, die wahrlich anderer Art war, als die, womit ein Knabe an Geist oder Leib, oder an beiden, sich an mir vergriff. Guter, seliger Ritter, wenn dein Vocalsohn den Bau nicht vollenden sollte, den du so herrlich auf dem Papiere angefangen hast; wird doch diese Stätte heilig seyn dem *Consistoriali* und dem Laien, und Jedem, der werth ist, dich zu kennen – heilig! bis Jeder mit Simeon sagt: Herr! nun lässest du deinen Diener in Frieden fahren!

JOHANN GEORG HAMANN

Metakritik über den Purismum der Vernunft

Sunt lacrimae rerum – o quantum est in rebus inane!

Ein großer Philosoph hat behauptet, „daß allgemeine und abstracte Ideen nichts als besondere sind, aber an ein gewisses Wort gebunden, welches ihrer Bedeutung mehr Umfang oder Ausdehnung giebt, und zugleich uns jener bey einzelnen Dingen erinnert." Diese Behauptung des eleatischen, mystischen und schwärmenden Bischoffs von Cloyne, Georg Berkeley, erklärt Hume* für eine der grösten und schätzbarsten Entdeckungen, welche zu unserer Zeit in der gelehrten Republic gemacht worden.

Es scheint mir zuförderst, daß der neue Skepticismus dem ältern Idealismo unendlich mehr zu verdanken habe als dieser zufällige und einzelne Anlaß im Vorbeygehen zu verstehen giebt und daß ohne Berkeley schwerlich Hume der große Philosoph geworden wäre, wofür ihn die Kritikk aus gleichartiger Dankbarkeit erklärt. Was aber die wichtige Entdeckung selbst betrift: so liegt selbige wohl ohne sonderlichen Tiefsinn im bloßen Sprachgebrauch der gemeinsten Wahrnehmung und Beobachtung des *Sensus communis* offen und aufgedeckt.

Zu den verborgenen Geheimnissen, deren Aufgabe geschweige ihre Auflösung noch in keines Philosophen Herz gekommen seyn soll, gehöret die Möglichkeit menschlicher Erkenntnis von Gegenständen der Erfahrung ohne und vor aller Erfahrung und hiernächst die Möglichkeit einer sinnlichen Anschauung vor aller Empfindung eines

Gegenstandes. Auf dieser doppelten Un-Möglichkeit und dem mächtigen Unterschiede analytischer und synthetischer Urtheile gründet sich die Materie und Form einer transcendentalen Elementar- und Methodenlehre; denn ausser dem eigenthümlichen Unterschiede der Vernunft als eines Objects oder Erkenntnisquelle oder auch Erkenntnisart giebt es noch einen allgemeineren, schärferen und reineren Unterschied, kraft dessen Vernunft allen Objecten, Quellen und Arten der Erkenntnis zum Grunde liegt, keines von dreien selbst ist und folglich auch weder einen empirischen oder ästhetischen noch logischen oder discursiven Begrif nöthig hat, sondern blos in subjectiven Bedingungen besteht, worunter Alles, Etwas und Nichts als Object, Quelle oder Art der Erkenntnis gedacht und wie ein unendliches Maximum oder Minimum zur unmittelbaren Anschauung gegeben, auch allenfalls genommen werden kann.

Die erste Reinigung der Philosophie bestand nehmlich in dem theils misverstandenen, theils mislungenen Versuch, die Vernunft von aller Ueberlieferung, Tradition und Glauben daran unabhängig zu machen. Die zweite ist noch transcendenter und läuft auf nichts weniger als eine Unabhängigkeit von der Erfahrung und ihrer alltäglichen Induction hinaus – denn, nachdem die Vernunft über 2000 Jahre, man weiß nicht was? jenseits der Erfahrung gesucht, verzagt sie nicht nur auf einmahl an der progressiven Laufbahn ihrer Vorfahren, sondern verspricht auch mit eben so viel Trotz den ungedultigen Zeitverwandten und zwar in kurzer Zeit, jenen allgemeinen und zum Katholicismo und Despotismo nothwendigen und unfehlbaren Stein der Weisen, dem die Religion ihre Heiligkeit und die Gesetzgebung ihre Majestät flugs unterwerfen wird, besonders in der letzten Neige eines kritischen Jahrhunders, wo beiderseitiger Empirismus, mit Blindheit geschlagen, seine eigene Blösse von Tag zu Tag verdächtiger und lächerlicher macht.

Der dritte höchste und gleichsam empirische Purismus betrift also noch die Sprache, das einzige erste und letzte Organon und Kriterion der Vernunft, ohne ein ander Creditiv als Ueberlieferung und Usum. Es geht aber einem auch beinah mit diesem Idol, wie jenem Alten, mit dem Ideal der Vernunft. Je länger man nachdenkt, desto tiefer und inniger man verstummt und alle Lust zu reden verliert. „Weh den Tyrannen, wenn sich Gott um sie bekümmern wird! wozu fragen sie also nach Ihm? Mene, mene, tekel den Sophisten! ihre Scheidemünze wird zu leicht gefunden und ihre Wechselbank zubrochen werden!!"

Receptivität der Sprache und Spontaneität der Begriffe! – Aus dieser doppelten Quelle der Zweideutigkeit schöpft die reine Vernunft alle Elemente ihrer Rechthaberey, Zweifelsucht und Kunstrichterschaft, erzeugt durch eine eben so willkührliche Analysin als Synthesin des dreimal alten Sauerteigs neue Phänomene und Meteoren des wandelbaren Horizonts, schafft Zeichen und Wunder mit dem Allhervorbringer und zerstörenden mercurialischen Zauberstabe ihres Mundes oder dem gespaltenen Gänsekiel zwischen den drei syllogistischen Schreibefingern ihrer herkulischen Faust – –

Schon dem Namen Metaphysik hängt dieser Erbschade und Aussatz der Zweideutigkeit an, der dadurch nicht gehoben, noch weniger verklärt werden mag, daß man bis zu seinem Geburtsort, der in der zufälligen Synthese eines griechischen Vorworts liegt, zurückgeht. Gesetzt aber auch, daß es in der transzendentalen Topik auf den empirischen Unterschied hinten und über noch weniger ankäme als bei einem *a priori* und *a posteriori* auf ein hysteron – proteron: so breitet sich doch das Muttermal des Namens von der Stirne bis in die Eingeweide der ganzen Wissenschaft [aus] und ihre Terminologie verhält sich zu jeder andern Kunst- Weid- Berg- und Schulsprache, wie das Quecksilber zu den übrigen Metallen.

Zwar sollte man aus so manchen analytischen Urtheilen auf einen gnostischen Haß gegen Materie oder auch auf eine mystische Liebe zur Form schließen: dennoch hat die Synthesis des Prädicats mit dem Subject, worinn zugleich das eigentliche Object der reinen Vernunft besteht, zu ihrem Mittelbegriff weiter nichts, als ein altes kaltes Vorurtheil für die Mathematik vor und hinter sich, deren apodictische Gewißheit hauptsächlich auf eine gleichsam kyriologische Bezeichnung der einfachsten sinnlichsten Anschauung und hiernächst auf die Leichtigkeit, ihre Synthesin und die Möglichkeit derselben in augenscheinlichen Constructionen oder symbolischen Formeln und Gleichungen, durch deren Sinnlichkeit aller Misverstand von selbst ausgeschlossen wird, zu bewähren und darzustellen. Unterdeßen aber die Geometrie sogar die Idealität ihrer Begriffe von Puncten ohne Theile, von Linien und Flächen auch nach idealisch getheilten Dimensionen durch empirische Zeichen und Bilder bestimmt und figirt; misbraucht die Metaphysik alle Wortzeichen und Redefiguren unserer empirischen Erkenntnis zu lauter Hieroglyphen und Typen idealischer Verhältnisse, und verarbeitet durch diesen gelehrten Unfug die Biderkeit der Sprache in ein so sinnloses, läufiges, unstätes, unbestimmtes Etwas = x, daß nichts als ein windiges Sausen, ein magisches Schattenspiel, höchstens wie der weise Helvetius sagt, der Talisman und Rosenkranz eines transcendentalen Aberglaubens an *entia rationis*, ihre leere Schläuche und Losung übrig bleibt. Endlich versteht es sich am Rande, daß wenn die Mathematik sich einen Vorzug des Adels wegen ihrer allgemeinen und nothwendigen Zuverlässigkeit anmaaßen kann, auch die menschliche Vernunft selbst dem unfehlbaren und untrüglichen Instinct der Insecten nachstehen müste.

Bleibt es allso ja noch eine Hauptfrage: wie das Vermögen zu denken möglich sey? – Das Vermögen, rechts und links vor und ohne, mit und über die Erfahrung hinaus zu denken? so braucht es keiner Deduction, die genealogische Priorität der Sprache vor den sieben heiligen Functionen logischer Sätze und Schlüsse und ihre Heraldik zu beweisen. Nicht nur das ganze Vermögen zu denken beruht auf Sprache, den unerkannten Weissagungen und gelästerten Wunderthaten des Verdienstreichen Samuel Heinke zufolge: sondern Sprache ist auch der Mittelpunct des Misverstandes der Vernunft mit ihr selbst, theils wegen der häufigen Coincidenz des grösten und kleinsten Begriffs, seiner Leere und Fülle in idealischen Sätzen, theils wegen des unendlichen der Rede- vor den Schlußfiguren, und dergleichen viel mehr.

Laute und Buchstaben sind also reine Formen *a priori*, in denen nichts, was zur Empfindung oder zum Begriff eines Gegenstandes gehört, angetroffen wird und die wahren, ästhetischen Elemente aller menschlichen Erkenntnis und Vernunft. Die älteste Sprache war Musik und nebst dem fühlbaren Rythmus des Pulsschlages und des Othems in der Nase, das leibhafte Urbild alles Zeitmaaßes und seiner Zahlverhältnisse. Die älteste Schrift war Malerey und Zeichnung, beschäftigte sich also eben so frühe mit der Oekonomie des Raums, seiner Einschränkung und Bestimmung durch Figuren. Daher haben sich die Begriffe von Zeit und Raum durch den überschwänglich beharrlichen Einfluß der beyden edelsten Sinne, Gesichts und Gehörs, in die ganze Sphäre des Verstandes, so allgemein und notwendig gemacht, als Licht und Luft für Aug, Ohr und

Stimme sind, daß Raum und Zeit zwar nicht *ideae innatae*, doch wenigstens *matrices* aller anschaulichen Erkenntnis zu seyn scheinen.

Entspringen aber Sinnlichkeit und Verstand als zwey Stämme der menschlichen Erkenntnis aus Einer gemeinschaftlichen Wurzel, so daß sie durch jene Gegenstände gegeben und durch diesen gedacht werden; zu welchem Behuf nun eine so gewaltthätige, unbefugte, eigensinnige Scheidung desjenigen, was die Natur zusammengefügt hat! Werden nicht alle beyde Stämme durch eine Dichotomie und Zweispalt ihrer gemeinschaftlichen Wurzel ausgehen und verdorren? Sollte sich nicht zum Ebenbilde unserer Erkenntnis ein einziger Stamm besser schicken, mit zwei Wurzeln, einer obern in der Luft und einer untern in der Erde? Die erste ist unserer Sinnlichkeit Preis gegeben; die letzte hingegen unsichtbar und muß durch den Verstand gedacht werden, welches mit der Priorität des Gedachten und der Posteriorität des Gegebenen oder genommenen, wie auch mit der beliebten Inversion der reinen Vernunft in ihren Theorien mehr übereinstimmt.

Es giebt vielleicht annoch einen chymischen Baum der Diana nicht nur zur Erkenntnis der Sinnlichkeit und des Verstandes, sondern auch zur Erläuterung und Erweiterung beiderseitiger Gebiete und ihrer Gränzen, welche durch eine *per antiphrasin* getaufte reine Vernunft und ihre dem herrschenden Indifferentismo fröhnende Metaphysik (jene alte Mutter des Chaos und der Nacht in allen Wissenschaften der Sitten, Religion und Gesetzgebung!) so dunkel, verwirrt und öde gemacht worden sind, daß erst aus der Morgenröthe der verheissenen nahen Umschaffung und Aufklärung der Thau einer reinen Natursprache wiedergeboren werden muß.

Ohne jedoch auf den Besuch eines neuen aus der Höhe aufgehenden Lucifers zu warten, noch mich an dem Feigenbaum der großen Göttin Diana! zu vergreifen, giebt uns die schlechte Busenschlange der gemeinen Volkssprache das schönste Gleichnis für die hypostatische Vereinigung der sinnlichen und verständlichen Naturen, den gemeinschaftlichen Idiomenwechsel ihrer Kräfte, die synthetischen Geheimnisse beyder correspondirenden und sich widersprechenden Gestalten *a priori* und *a posteriori*, samt der Transsubstantiation subjectiver Bedingungen und Subsumtionen in objective Prädicate und Attribute durch die *copulam* eines Macht- oder Flickworts zur Verkürzung der langen Weile und Ausfüllung des leeren Raums im periodischen Galimathias *per Thesin et Antithesin.* –

O um die Handlung eines Demosthenes und seine dreieinige Energie der Beredsamkeit oder die noch kommen sollende Mimik, ohne die panegyrische klingende Schelle einer Engelzunge! so würd' ich dem Leser die Augen öfnen, daß er vielleicht sähe – Heere von Anschauungen in die Veste des reinen Verstandes hinauf- und Heere von Begriffen in den tiefen Abgrund der fühlbarsten Sinnlichkeit herabsteigen, auf einer Leiter, die kein Schlafender sich träumen läst – und den Reihentantz dieser Mahanaim oder zweier Vernunftheere – die geheime und ärgerliche Chronik ihrer Buhlschaft und Nothzucht – und die ganze Theogonie aller Riesen- und Heldenformen der Sulamith und Muse, in der Mythologie des Lichts und der Finsternis – bis auf das Formenspiel einer alten Baubo mit ihr selbst – *inaudita specie solaminis*, wie der heilige *Arnobius* sagt – und einer neuen unbefleckten Jungfrau, die aber keine Mutter Gottes seyn mag, wofür sie der heilige Anselmus hielt –

Wörter haben also ein ästhetisches und logisches Vermögen. Als sichtliche und lautbare Gegenstände gehören sie mit ihren Elementen zur Sinnlichkeit und Anschauung, aber nach dem Geist ihrer Einsetzung und Bedeutung, zum Verstand und Begriffen. Folglich sind Wörter sowohl reine und empirische Anschauungen, als auch reine und empirische Begriffe: empirisch, weil Empfindung des Gesichts oder Gehörs durch sie bewirkt; rein, in so fern ihre Bedeutung durch nichts, was zu jenen Empfindungen gehört, bestimmt wird. Wörter als unbestimmte Gegenstände empirischer Anschauungen, heissen nach dem Grundtext der reinen Vernunft, ästhetische Erscheinungen: folglich sind nach der ewigen Leyer des antithetischen Parallelismus, Wörter als unbestimmte Gegenstände empirischer Begriffe, kritische Erscheinungen, Gespenster, Nicht- oder Unwörter, und werden nur durch ihre Einsetzung und Bedeutung des Gebrauchs zu bestimmten Gegenständen für den Verstand. Diese Bedeutung und ihre Bestimmung entspringt, weltkundiger maaßen, aus der Verknüpfung eines *a priori* willkührlichen und gleichgiltigen, *a posteriori* aber nothwendigen und unentbehrlichen Wortzeichens mit der Anschauung des Gegenstandes selbst, und durch dieses wiederholte Band wird dem Verstande eben der Begriff vermittelst des Wortzeichens als vermittelst der Anschauung selbst mitgetheilt, eingeprägt und einverleibt.

Ist es nun möglich, frägt der Idealismus von der einen Seite, aus der bloßen Anschauung eines Worts den Begriff desselben zu finden? Ist es möglich aus der Materie des Worts Vernunft, seinen 7 Buchstaben oder 2 Sylben – ist es möglich, aus der Form, welche die Ordnung dieser Buchstaben und Sylben bestimmt, irgend etwas von dem Begriffe des Worts Vernunft herauszubringen? Hier antwortet die Kritik mit ihren beyden Waagschalen gleich. Zwar giebt es in einigen Sprachen mehr oder weniger Wörter, aus denen Logogryphen, welsche Charaden und witzige Rebus durch eine Analyse und Sylbe der Buchstaben oder Sylben in neuen Formen erschaffen werden können. Alsdenn sind es aber neue Anschauungen und Erscheinungen von Wörtern, die mit dem Begriff des gegebenen Worts eben so wenig übereinstimmen, als die verschiedenen Anschauungen selbst.

Ist es ferner möglich, frägt der Idealismus von der andern Seite, aus dem Verstande die empirische Anschauung eines Worts zu finden? Ist es möglich aus dem Begriffe der Vernunft die Materie ihres Namens, d. i. die 7 Buchstaben oder 2 Sylben im deutschen oder irgend einer andren Sprache zu finden? Hier deutet die eine Waagschale der Kritik ein entscheidendes Nein! Sollte es aber nicht möglich seyn, aus dem Begriff die Form seiner empyrischen Anschauung im Wort herzuleiten, vermöge welcher Form die eine von 2 Sylben *a priori* und die andere *a posteriori* steht oder daß die 7 Buchstaben, in bestimmter Verhältnis geordnet, angeschaut werden? Hier schnarcht der Homer der reinen Vernunft ein so lautes Ja! wie Hans und Grethe vor dem Altar, vermuthlich, weil er sich den bisher gesuchten allgemeinen Charakter einer philosophischen Sprache als bereits erfunden, im Geiste geträumt.

Diese letzte Möglichkeit nun, die Form einer empirischen Anschauung ohne Gegenstand noch Zeichen derselben aus der reinen und leeren Eigenschaft unsers äußern und innern Gemüths herauszuschöpfen, ist eben das Δος μοι που στω und πρωτον ψευδος, der ganze Eckstein des kritischen Idealismus und seines Thurms und Logenbaues der reinen Vernunft. Die gegebene oder genommene Materialien gehören den kategorischen und idealischen Wäldern, peripatetischen und akademischen Vorrathskammern. Die Analyse ist nichts mehr, als ieder Zuschnitt nach der Mode, wie die Synthese die Kunstnath eines zünftigen Leder- oder Zeugschneiders.

Was die Transcendentalphilosophie metagrabolosirt, habe ich um der schwachen Leser willen, auf das Sacrament der Sprache, den Buchstaben ihrer Elemente, den Geist ihrer Einsetzung gedeutet, und überlasse es einem jeden, die geballte Faust in eine flache Hand zu entfalten. – –

Vielleicht ist aber ein ähnlicher Idealismus die ganze Scheidewand des Judentums und Heidentums. Der Jude hatte das Wort und die Zeichen; der Heide die Vernunft und ihre Weisheit – – (Die Folge war eine μεταβασις εις αλλο γενος, davon das vornehmste in das kleine Golgatha verpflanzt ist)

* S. a Treatise of human Nature: Being an Attempt to reduce the experimental Method of reasoning into moral Subjects Vol. 1. Of the Understanding. London 1739 p. 38. Dieses meines Wißens erste Meisterstück des berühmten David Hume soll zwar ins französische aber noch nicht, wie sein letztes ins deutsche übersetzt seyn. Auch die Übersetzung von des scharfsinnigen Berkeley's philosophischen Werken ist leider in Stocken gerathen. Der erste Theil kam bereits 1781 zu Leipzig heraus und enthält nur die Gespräche zwischen Hylas und Philonous, welche schon in der Eschenbachschen Sammlung der Idealisten Rostock 1756 stehen.

Zu dieser Ausgabe

Als Textvorlage dienten die Erstausgaben oder aber solche, die in der Überarbeitung der Urausgabe getreu folgten. Es wurden abgedruckt:

Ludwig von Baczko: *Versuch einer Geschichte und Beschreibung Königsbergs.* Zweite völlig umgearbeitete Auflage. Königsberg bei Goebbels und Unzer, 1804, S. 182–189; 514–521.

Johann Gotthelf Lindner: *Sendschreiben an den HochEdlen Herrn Herrn J.C. Behrens aus Liefland der Rechte und schönen Wißenschafften Beflißenen beÿ seiner Abreise von Coenigsberg.* In: Renate Knoll: Johann Georg Hamann. 1730–1788. Quellen und Forschungen. Schriften der Universitätsbibliothek Münster, Band 3, Bonn 1988, S. 29–31.
Vorrede. Von den Schicksalen der deutschen Poesie, und ihrem heutigen Geschmacke. In: J.F. Lauson: *Zweyter Versuch in Gedichten.* Bey Joh. Friedrich Driest, Königsberg 1754 (Ohne Seitenangaben).

Johann Friedrich Lauson: Gedächtnisrede auf *Das Lorrbeerwürdige Andenken eines vor hundert Jahren verstorbenen großen Preußischen Dichters, M. Simon Dach.* Königsberg, gedruckt und zu bekommen bey Joh. Fried. Driest, 1759, S. 1–48.

Johann George Scheffner: *Mein Leben, wie ich Johann George Scheffner es selbst beschrieben.* 2 Theile. J. G. Neubert, Leipzig 1816. Ausgegeben bei Nicolovius, Königsberg 1821 u. 1823, 1. Theil, S. 205–208; 2. Theil, S. 365–368.

Theodor Gottlieb von Hippel: *Ueber die Ehe.* C. F. Voß, Berlin 1774, Vorbericht, S. 1 f.; Das Zweyte Capitel. Der Endzweck der Ehe. Eine academische Vorlesung, S. 38–60.
Kreuz- und Querzüge des Ritters A bis Z. Von dem Verfasser der Lebensläufe nach aufsteigender Linie. Erster Theil. Berlin, bei G. Reimer, 1828, S. 376–402.

Johann Georg Hamann: *Metakritik über den Purismum der Vernunft.* Nadler-Ausgabe, Herder Verlag, Wien 1951, III. Band, S. 281–289.

Das Bild des Buchumschlags „Kant und seine Tischgenossen" geht auf einen nachempfundenen Entwurf der Tischrunde Kants von Emil Doerstling aus dem Jahre 1892 oder 1893 zurück. Dieses Gemälde hing einst im Stadthaus zu Königsberg, dann im Schloßmuseum. Von links nach rechts erkennt man gemäß der Tradition an der hinteren Tischseite den Kaufmann Johann Konrad Jacobi, den Gastgeber Kant, den schottischen Kaufmann Robert Motherby, den Kameralisten Christian Jakob Kraus (stehend), den „Magus im Norden" Johann Georg Hamann, den Kriegsrat Johann George Scheffner und den Arzt und Physiker Karl Gottfried Hagen. Im Vordergrund sitzen der Dirigierende Bürgermeister und Stadtpräsident Theodor Gottlieb von Hippel sowie der spätere Erzbischof Ludwig Ernst Borowski.

Die Autoren

Baczko, Ludwig Franz Adolf Josef von (*Lyck 1756, † Königsberg 1823)
Als Student in J. J. Kanters Buchhandlung beschäftigt; früh durch die Behandlung eines Kurpfuschers erblindet. Vergeblich bewarb er sich als Katholik um eine Professur für Geschichte an der Albertina. Wurde schließlich Professor an der Artillerie-Akademie und der Divisionsschule in Königsberg. 1781 eröffnete er die erste örtliche Leihbibliothek. Seine geschichtlichen Werke sind noch heute von Bedeutung, besonders sein *Handbuch der Geschichte und Erdbeschreibung Preußens* (1784) sowie die von 1792 bis 1800 erschienene sechsbändige *Geschichte Preußens*. Dokumentarisch wertvoll sind auch die *Geschichte meines Lebens* (3 Bde., Königsberg 1824) und ein *Versuch einer Geschichte und Beschreibung der Stadt Königsberg* (Königsberg 1787; 2. Aufl. 1804). Daneben redigierte er wissenschaftliche Zeitschriften wie die *Preußische Tempe*, ein Organ der literarischen Jugend (1780/82), die *Annalen des Königreichs Preußen* (1792/93) und das *Wochenblatt für den Bürger und den Landmann* (1795/96). Als Dichter überlebte er nicht. Ihm zu Ehren wurde die Robertstraße in Mittelhufen in diesem Jahrhundert in Baczkostraße umbenannt.

Lindner, Johann Gotthelf (* 1729 Schmolsin, † 1776 Königsberg)
Sohn des angesehenen Predigers Georg Friedrich Lindner aus Bielitz in Oberschlesien, den der berühmte Pietist Franz

Albrecht Schultz 1733 als Prediger an die Altroßgärtische Kirche in Königsberg berief. Studierte mit viel Erfolg an dem traditionsreichen, von Schultz geleiteten Collegium Fridericianum und bezog 1744 die Albertina, wo er bei den namhaftesten Lehrern der Zeit, u.a. Knutzen, Teske, Schulz, Lilienthal, Moldenhauer, Rappolt und Kypke hörte. Er war als sprachlich Begabter in den wichtigsten europäischen wie den alten Sprachen zu Hause und war von Jugend an bestrebt, ein gelehrter Professor zu werden, was ihm auch gelang. Bereits 1749 gründete er mit Hamann, Lauson, Berens und Wolson die frühaufklärerische Kulturzeitschrift *Daphne*. 1749 erhielt er schon die Magisterwürde und 1753 eine Schulstelle als „College" an der Kneiphöfischen Domschule, wo Willamow und Trescho zu seinen Schülern gehörten. 1754 heiratete er Marianne Courtan, die Schwägerin der späteren Seelenfreundin Hamanns. 1755 wurde er als Rektor an die Stadt- und Domschule zu Riga berufen. Hier brachte er das Schulleben auf ein beachtliches und modernen Erfordernissen angepaßtes Niveau. Sein Leben galt der Schule, dem Unterricht und der Schriftstellerei. Er war ein großartiger Organisator, Verwalter, Pädagoge und Schulschriftenautor. Nach dem frühen Tode seiner geliebten Gattin (1764) kehrte er, nachdem er Herder als eine Art Statthalter berufen hatte, nach Königsberg zurück. Er wurde nacheinander dritter Prediger (1766), Professor der Poesie und Hofprediger (1772). Nach der Erlangung des begehrten Doktorhuts der Theologie ernannte man ihn zusätzlich zum Kirchen- und Schulrat sowie zum Pastor auf dem Löbenicht. Dazu übertrug man ihm die Leitung der Königsberger „Deutschen Gesellschaft" (1766). In den 1764 von Kanter gegründeten *Königsbergschen Gelehrten und Politischen Zeitungen* war er ebenfalls die tonangebende Kraft in Sachen Kultur, und in der Freimaurerloge „Zu den drei Kronen" wirkte er neben dem Buchhändler J. J.

Kanter und Th. G. von Hippel als einer der eifrigsten Verteidiger des Systems der „Strikten Observanz". Sein Intimfreund Hamann und Hippel gaben viel auf sein Urteil. Unzählige Schriften aller Gattungen gehen auf sein Konto, vorzüglich theologisch-philosophische sowie theoretische, die Dichtkunst betreffende Abhandlungen. Das *Preußische Wörterbuch*, das die „Deutsche Gesellschaft" seit vielen Jahrzehnten als Lexikon preußischer Provinzialwörter erarbeitete und das schließlich von Georg Ernst Sigismund Henning herausgegeben wurde, verdankt seine Vollendung im wesentlichen Lindners unermüdlichem Einsatz. Es seien des weiteren ein *Lehrbuch der schönen Wissenschaften, insonderheit der Prosa und Poesie* (1768), erwähnt, und schließlich die großenteils Hippel zugeschriebenen *Freimaurerreden* (1768) und *Geistlichen Lieder* (1772), an denen er mitgearbeitet haben soll. Er starb bereits siebenundvierzigjährig, durch seine vielseitigen Arbeiten und persönlichen Schicksalsschläge erschöpft. Hippel hielt ihm in der Loge eine vielbeachtete und nachträglich veröffentlichte Gedächtnisrede (1777).

Lauson, Johann Friedrich (* 1727 Königsberg, † ebenda 1783)
Stammte aus bescheidensten Verhältnissen und studierte dank dem aufopferungsvollen Einsatz seiner verwitweten Mutter am Collegium Fridericianum und an der Albertina. Mit acht Jahren begann er zu dichten. Seine ersten Verse schrieb er bereits nach dem Muster des berühmten lokalen Vorgängers Simon Dach, dem er sein Leben lang verpflichtet blieb. Da er ein unruhiger, eigenbrötlerischer Charakter war, konnte er sich nie richtig in die festen Einrichtungen der Gesellschaft einfügen, sondern blieb ein Sonderling, Autodidakt und Halbvagabund. Er lehrte abwechselnd an verschiedenen Königsberger Schulen und ließ sich danach als Beamter

im Zoll- und Plombagedienst verwenden, um schließlich ein ärmliches, aber behagliches Leben als Privatgelehrter zu führen. 1749 rief er mit Lindner, Hamann, Wolson und Berens die frühaufklärerische Kulturzeitschrift *Daphne* ins Leben, zu der er maßgeblich beisteuerte, wie auch zu deren erweiterter Nachfolgerin, den *Königsbergschen Gelehrten und Politischen Zeitungen* (ab 1764). Darüber hinaus betätigte er sich als Bibliotheksgehilfe und Verfasser zahlloser Gelegenheitsgedichte, insbesondere Hochzeits-, Geburts- und Leichencarmina, die er auf Bestellung finanzkräftiger Gönner, u.a. der reichen Kaufmannsfamilie Saturgus, verfaßte. Sie sind allerdings, von wenigen Ausnahmen abgesehen, schwach und banal und haben heute nur mehr, soweit sie ostpreußische und besonders Königsberger Örtlichkeiten und Gestalten betreffen, dokumentarischen Wert. Von der Bildung her stand Lauson Lindner nahe, vom Temperament und der Lebensweise dem wesensverwandten Hamann. Beide wie auch Hippel schätzten ihn als Nachfahren der „Sterblichkeitsbeflissenen" der Dachschen „Kürbishütte", deren dichterische und religiös-philosophische Tradition er zu erhalten versuchte. Sein Einfluß auf Hippels Todespoesie war groß. Dem Namen nach bekannt blieben sein Festspiel *Ganymed* und die Tragödie *Gafforio* (1755). Auch die zweibändige bei Driest veröffentlichte Gedichtsammlung *Erster und Zweyter Versuch in Gedichten* (1753f.) erfreute sich des Erfolgs, aus der Verse wie „Das Küßchen", „Die Laute", „Beschreibung des vortrefflichen Gartens des Herren Commercienrath Saturgus", das „Wallrodtsche Landgut Pogirben", „Der Pregel, ein Bild des Ehestandes" und „Der Schnee, das Bild der Unschuld" zu erwähnen sind. Literaturgeschichtliche Bedeutung behielt die Gedenkrede auf Simon Dach (1759). Bei seinem Tod war der Polygraph weitgehend vergessen. Hamann widmete ihm einen Nachruf in der *Hartungschen*

Zeitung. Sein Porträt hing bis 1944 in der Königsberger Stadtbibliothek.

Scheffner, Johann George (* 1736 Königsberg, † ebenda 1820)
Studierte mit sechzehn Jahren an der Albertina Jura, wurde durch Vermittlung Privatsekretär des Herzogs von Holstein-Beck und war freundschaftlich mit den späteren Generälen L'Estocq und David Neumann verbunden. Mit letzterem stellte er sich als einer der wenigen Königsberger zu Beginn der russischen Besatzungszeit im Siebenjährigen Krieg unter die Fahnen Friedrichs II., wurde verwundet und galt seitdem als Kriegsheld. 1765 kam er als Sekretär an die Königsberger Kriegs- und Domänenkammer, 1772 als Kriegsrat nach Marienwerder, wo er aus persönlichen Gründen den Dienst quittierte und ohne Ruhegehalt entlassen wurde. Durch mehrere Erbschaften u. a. in Westpreußen stieg er zum reichen Gutsbesitzer auf. 1762 erwarb er nahe der Neuroßgärter Kirche ein stattliches Haus mit Garten, das er 1809 dem König gegen eine Leibrente verkaufte. War bis zu ihrem Bruch im Jahre 1793 der Intimfreund Th. G. von Hippels. In den achtziger und neunziger Jahren galt er als angesehenes Mitglied der Kantschen Tischrunde. Er schrieb viel, jedoch wenig Qualitätvolles, so vor allem anonym veröffentlichte Sammlungen erotischer Erzählungen und Gedichte, u. a. *Jugendliche Gedichte* (1761), *Campangnen-Gedichte* (1761), *Freundschaftliche Poesien eines Soldaten* (1764, 1793), *Gedichte im Geschmack des Grécourt* (1771, 1773, 1780, 1783), *Gedichte von dem Übersetzer des Treuen Schäfers* (1773), *Erotische Gedichte* (1780), *Gedichte nach dem Leben* (1786, 1792), *Natürlichkeiten der sinnlichen und empfindsamen Liebe* (o. J., 1798), *Ernst und Minette* (o. J.), dazu die Autobiographie *Mein Leben, wie ich J. G. Scheff-*

ner es selbst beschrieben (Leipzig 1816, ausg. Nicolovius, Königsberg 1821, 1823), mit *Nachlieferungen* (Leipzig 1884). In der Zeit der politischen Reformen nach 1805 machte er sich nicht ohne Wichtigtuerei zum Anreger moderner politischer und sozialer Ideen im Kreis um Hardenberg, Stein, Kraus und Nicolovius. Als ehemaliger Tischgenosse Kants veranlaßte er 1809, um auf diese Weise auf die Nachwelt überzugehen, die Erbauung der Stoa Kantiana am Dom. Auf dem Galtgarben, dem höchsten Punkt des Samlandes, ließ er außerdem in patriotischer Gesinnung ein Landwehrkreuz errichten. Dort wurde er auch getreu seinem Wunsch begraben. In Königsberg gab es eine Straße mit seinem Namen auf der Lomse; des weiteren befand sich ein Bild von ihm in den Kunstsammlungen des Schlosses.

Hippel, Theodor Gottlieb von (* Gerdauen 1741, † Königsberg 1796)
Stammte aus einer tieffrommen pietistischen Schulrektorsfamilie vom Lande, studierte unter erniedrigenden Umständen an der Albertina Theologie, machte mit einem jungen russischen Leutnant Anfang 1761 eine für sein weiteres Leben entscheidende Reise an den Zarenhof nach Petersburg und wechselte nach seiner Rückkehr zur Jurisprudenz über. Wurde 1765 Advokat am Stadtgericht, dann Kriminalrat, Stadtrat und Direktor des Kriminalkollegiums, dazu führendes Mitglied der Königsberger Freimaurerloge „Zu den drei Kronen“. Ende 1780 Dirigierender Bürgermeister und Polizeipräsident von Königsberg, 1786 Geheimer Kriegsrat und Stadtpräsident. Er verfaßte zahllose, meist anonyme Schriften jeder Art, u.a. zwei Komödien: *Der Mann nach der Uhr* (1765) und *Die ungewöhnlichen Nebenbuhler* (1768), drei aufsehenerregende Abhandlungen zur Emanzipation der Frau: *Über die Ehe* (1774, 1776,

1792f.), Über die bürgerliche Verbesserung der Weiber (1792) und *Nachlaß über weibliche Bildung* (1801), zwei von der Form wie vom wahrheitssuchenden Inhalt her für die künftige Literatur epochemachende Romane: *Lebensläufe nach aufsteigender Linie* (1778–1781) und *Kreuz- und Querzüge des Ritters A bis Z* (1793f.), Freimaurerreden (1768), Gedichtsammlungen: profane Lyrik und *Geistliche Lieder* (1772), *Handzeichnungen nach der Natur* (1790), Satiren: *Zimmermann der I. und Friedrich der II.* (1790) sowie juristisch-philosophische Essays: *Das Königsbergsche Stapelrecht* (1791), *Ueber die Mittel gegen die Verletzung öffentlicher Anlagen und Zierrathen* (1792), *Nachricht, die von K*sche Untersuchung betreffend. Ein Beytrag über Verbrechen und Strafen* (1792), *Über Gesetzgebung und Staatenwohl* (1804). Als Bürgermeister erneuerte er mit fester Hand die finanziell und administrativ zerrüttete Lage der Provinzhauptstadt und hinterließ ein Modell moderner Stadtverwaltung, deren Prunkstücke ein musterhaftes Polizei-, Feuerlösch-, Armen-, Kranken- und Beamtenwesen waren. In der Tischrunde Kants, der ihn als „Zentral- und Plankopf" bezeichnete, nahm Hippel den Ehrenplatz ein. Er war im übrigen ein wesensverwandter Freund Lindners, Lausons und Hamanns, dessen über Verstand und Vernunft hinausgehender Gottergründung er sich weitgehend verschrieb. Seine großartige Gemäldesammlung vermachte sein gleichnamiger Neffe und Adoptivsohn, der spätere Verfasser des *Aufrufs an mein Volk* (1813), dem Königsberger Schloßmuseum. In ihr befand sich u. a. sein Porträt von Agathe Rüdgisch. Hippel wurde seinem Wunsche gemäß auf dem Armenfriedhof in Königsberg beerdigt, danach auf den „Gelehrtenfriedhof" an der Sternwarte überführt. In der alten Universität befand sich seine Scudelle. Eine Straße vom Unter- zum Oberhaberberg wurde 1901 nach ihm benannt.

Hamann, Johann Georg, der „Magus im Norden“ (* Königsberg 1730, † Münster i. W. 1788)
Sohn eines tüchtigen Wundarztes und Baders in der Königsberger Altstadt. Der Vater, Pfarrerssohn, stammte aus der Lausitz, die Mutter aus einer Lübecker Baderfamilie. Studierte nach unregelmäßigem Schulunterricht seit 1746 an der Albertina Theologie und Philosophie (Knutzen), Naturwissenschaften (Rappolt) und Sprachen, ohne einen Abschluß zu erreichen. War ein Sprachgenie und schon in jungen Jahren unglaublich belesen, blieb jedoch ein unsteter, früh von Glaubenszweifeln geplagter, arbeitsscheuer Charakter, der nicht zu einer straffen Lebensform zu finden wußte. Mit seinen Jugendfreunden Lindner, Lauson, Berens und Wolson gab er von 1749 bis 1750 die *Daphne* heraus. Danach folgten Jahre unruhigen Hofmeisterlebens in Livland, bis er 1758 in London während einer geheimnisumwitterten Reise, die er im Auftrag seines mittlerweile in Riga zum Kaufmann aufgestiegenen Freundes Berens unternommen hatte, unter merkwürdigen Umständen über der Bibellektüre zu seiner „Bekehrung“ fand. Lebte anschließend im väterlichen Haus von allerlei schriftstellerischen Betätigungen und erhielt 1767 auf Kants und Hippels Vermittlung durch den Kommerzienrat Jacobi eine mäßig besoldete Stelle (als Übersetzer ins Französische) bei der Zollverwaltung. Er entdeckte die besondere Begabung des jungen Herder, den er vollständig in seinen Bann schlug und dem er bis zu seinem Lebensende verbunden blieb. Sein Intimfreund aber war Lindner; als dieser starb, nahm der gesellschaftlich völlig anders ausgerichtete, aber von seiner Glaubenstiefe und -sehnsucht her wesensverwandte Hippel dessen Platz ein. Auch mit Kant verkehrte er regelmäßig; er war jedoch eher wegen ihrer zahlreichen gemeinsamen Freunde an dessen Tisch geduldet, da trotz seines sprühenden Geistes sein prinzipiell aggressives Tempera-

ment gegenüber dem Rationalismus und seine unkonventionelle Lebensweise dem gesittet-geordneten Charakter des Albertina-Philosophen wenig behagten. Nach dem Tode seines Vaters lebte Hamann in freier Verbindung mit dessen Haushälterin Anna Regina Schumacher und ihren vier gemeinsamen Kindern in einem ungeregelten Haushalt. Er kaufte 1770 ein Haus am Alten Graben, nahe bei seinem Arbeitsplatz, das er wieder aufgab, als er 1777 als Packhofverwalter im Hafen eine Dienstwohnung am Holländerbaum bezog. Seine sibyllinischen Schriften, meist „fliegende", aus tiefster Glaubensüberzeugung empfundene und in ekstatisch-poetischem Stil verfaßte fragmenthafte Blätter, setzen sich kampfeslustig auseinander mit der rationalistischen Aufklärer-Philosophie der Zeit, für die stellvertretend Kant stand. Während die *Biblischen Betrachtungen*, die *Betrachtungen zu Kirchenliedern* (1758) und die *Kreuzzüge des Philologen* (1762, insbesondere die *Aesthetica in nuce*) ein erschütterndes Bekenntnis zum universalen Erlöserwerk Christi liefern, geben seine facettenreichen „metakritischen" Einsätze mit ätzend-ironischer Aggressivität Aufklärung über die glaubensgefährdenden Dogmen der aufklärenden Vernunftsphilosophen (*Sokratische Denkwürdigkeiten*, 1759; *Des Ritters von Rosencreuz letzte Willensmeynung über den göttlichen und menschlichen Ursprung der Sprache*, 1772; *Hierophantische Briefe*, 1775; *Konxompax*, 1779; *Kritik der reinen Vernunft* [1781]; *Golgatha und Scheblimini*, 1784; *Metakritik über den Purismum der Vernunft* [1784]; *Ein fliegender Brief*, 1786). Die gegen die Kultur- und Regierungspolitik Friedrichs des Großen gerichteten französischen Pamphlete (*Essais à la Mosaïque*, 1772; *Lettre perdue d'un Sauvage du Nord*, 1773; *Le Kermès du Nord*, 1774; die Schrift *Au Salomon de Prusse* fand keinen Verleger!) denunzieren den obersten Vertreter des aufgeklärten preußischen Absolutismus in verschlüsselten Metaphern als Usurpator, der sich in Blindheit dem „Lucifer“ (Voltaire) des Jahrhunderts verschrieb. Hamann starb überraschend während einer großen Reise auf dem Gute der Gräfin Gallitzin in Münster. Er wurde in ihrem Garten bestattet und später auf den Überwasserfriedhof überführt. In Königsberg erinnerten an ihn eine Scudelle an der Front der neuen Universität, eine Gedenktafel an der Stelle seines Geburtshauses sowie ein Straßenname. Das wohl schönste und treffendste Urteil über ihn fällte Goethe im 12. Buch seiner Autobiographie *Dichtung und Wahrheit*. Auch Jean Paul sah in ihm einen „Meteor“.

Nachwort

Am 12. Februar 1945, dem 141. Todestag Immanuel Kants, schritten die Vertreter der Königsberger „Gesellschaft der Freunde Kants“ inmitten des Geschützhagels zu den Mauern des ausgebombten Doms auf dem Kneiphof, um am Grabe des Philosophen ein letztes Mal einen Kranz niederzulegen. Danach senkte sich die Nacht über die Stadt. Aus Königsberg wurde Kaliningrad. Was über siebenhundert Jahre deutsch gewesen war, wurde sowjetisch. Die Welt ratifizierte das Verdikt der Großmächte und vergaß Ostpreußen.

Man bleibe allerdings ehrlich: Königsberg hat die Welt eigentlich nie sonderlich interessiert! Wären nicht der Name Kants und teils derjenige Hamanns gewesen, so hätten sich die Kultur- und die Geistesgeschichte kaum jemals eingehend mit ihr abgegeben. Und nach dem militärisch-politischen Untergang in diesem Jahrhundert wäre die ganze Region wohl vollständig in Vergessenheit geraten. Die natürliche Isolation und Inselstellung der Stadt, die wirtschaftliche Armut der ganzen Gegend und die dünne Besiedlung haben trotz der geographischen Kreuzpunktstation, der Bedeutung des Binnenhafens und der Albertina-Universität eine anhaltende lebendige Verflechtung mit der übrigen Welt stets behindert. Das wußten bereits die Ritter des Deutschen Ordens, die preußischen Könige und die Dichter. Kants berühmter Ausspruch aus dem Vorwort der *Anthropologie*, daß seine Heimatstadt recht wohl den Blick zur großen Welt und somit die Erkenntnis der wesentlichen Belange der Menschheit gewährleisten könne, hat letzten Endes lediglich für den begnügsamen Philosophen selbst gegolten.

Schon die Mitglieder des ersten bedeutenden Königsberger „Dichterkreises“ im Zeitalter des Barocks, der „Kürbislaube“ Robert Roberthins, Heinrich Alberts und Simon Dachs, schufen eine Literatur von Wert, die das universale Gefühl der Einsamkeit, religiöser Ratlosigkeit und der Todesergebung bis ins Memelland hinein zum Zentralthema erhob. Als eine verheerende Pestseuche dazukam, die nicht einmal das Herzogshaus verschonte, waren Hypochondrie und Resignation vollkommen. Noch die tonangebenden Figuren der Kant-Zeit haben unter dieser bedrückenden Verfassung gelitten. Diejenigen, die nicht vom Ort lassen konnten – wie ein uneingestandener Fluch hat es auf fast allen gelastet –, nahmen es weiterhin ergeben hin und versuchten mit der ererbten gesellschaftlichen und kulturellen Selbstbeschränkung, die genährt wurde durch den traditionellen Zuzug eingewanderter westeuropäischer Prostestanten und die gefühlsbetonte Ausübung des lutherischen Glaubens, ihr isoliertes Dasein sinnvoll zu gestalten. Die anderen, etwa J.G. Herder, Z. Werner und E.T.A. Hoffmann, vollzogen, durch zufällige Umstände begünstigt, den Ausbruch und fanden danach den Weg nicht mehr in die stille, kalte Heimat zurück. Einen dritten „Kreis“ gab es für ganz kurze Zeit um die Jahrhundertwende, gleichsam mit dem Ableben Kants, bezeichnenderweise im Zusammenschluß gesellschaftsökonomisch und reformpolitisch orientierter Geister wie Hardenberg, Scheffner, Nicolovius und Kraus. Danach sanken Gegend und Universität, wenn man von fähigen Brotgelehrten und vereinzelten fleißig-aufrechten Dichterzeugen absieht, die es immer überall gab und gibt, zur Bedeutungslosigkeit herab.

In der „großen“ Zeit, d.h. in den rund vierzig Jahren seit der Beendigung des Siebenjährigen Krieges bis zum Tode Kants, hat es nun durchaus eine kulturhistorisch beachtenswerte und vor allem vielseitige Literatur in Königsberg gegeben. Nur leuchtete der Stern des Albertina-Philosophen auf wissenschaftlicher Ebene so stark, daß sämtliche am Orte schreibenden Zeitgenossen draußen in der Welt weitgehend übersehen wurden. Dies ist um so merkwürdiger, als Kant sich in keiner Weise bestrebte, die ihn Umgebenden zu überstrahlen, und andererseits letztere in Königsberg selbst solches auch niemals so empfanden. Kant war ein jovialer und in fast jeder Hinsicht verständnisvoller Mensch, der als einfacher Bürger ein bescheidenes gesellschaftliches Dasein führte und, von begeisterten Schülern abgesehen, bekanntlich vorzugsweise mit Leuten aller Bevölkerungsschichten verkehrte, die seine Schriften meist nicht lasen. Es gab ohnehin in der weiten Handels- und Garnisonsstadt – an der Einwohnerzahl gemessen war sie eine der größten Deutschlands – recht wenige Leser erkenntnis- und moraltheoretischer Werke. Und die Freunde und Bekannten, ob sie nun zu den Auserwählten der verschiedenen Tischrunden oder zum weiteren Bekanntenkreis zählten, schätzten den Universitätslehrer als den einmaligen Kopf, der er nun einmal war, ohne deshalb ihren eigenen Wert zu verkennen oder in Minderwertigkeitskomplexen zu vergehen. Sie kamen sich keineswegs als farblose Satelliten einer Zentralsonne vor. Die meisten handhabten zudem die Schriftstellerei als eine angenehme private Nebenbeschäftigung. Man denke etwa an die vagabundenhafte Existenz der zeitlebens untergeordneten Beamten Hamann und Lauson oder an die gegenteilig großartige Karriere des tatkräftigen Lokalpolitikers, glänzenden Juristen und führenden Freimaurers Hippel. Deren geistige Schöpfungen waren recht wohl auf Qualität und kulturgeschichtliche Bedeutung ausgerichtet, wurden aber von ihren Urhebern ungezwungen als Ausdruck und Verwirklichung eigenständiger Persönlichkeit verstanden, die eben in anderen Bahnen als derjenigen des Albertina-Gelehrten verliefen. Dies erklärt, wieso die Freunde Kants in ihren eigenen Zeugnissen in der Regel nur beschränkten Bezug auf dessen Person und Werk nehmen. Kant wurde allgemein am Ort nicht mehr beachtet als irgendein anderer angesehener Professor, und erst der Nimbus, den dessen Schriften außerhalb des Königsberger Raums, vor allem in den entlegeneren deutschen Ländern sowie im europäischen Ausland bei Außenstehenden schufen, haben ihn schon zu Lebzeiten zu einer Legende hochstilisiert.

Die vorliegende Textauswahl war darauf bedacht, diesen Gesichtspunkten Rechnung zu tragen. Sie setzt sich zum Ziel, dem heutigen Leser die bedeutendsten schriftstellernden Vertreter des Kantschen Bekanntenkreises wieder etwas näher zu bringen. Deren literarische Zeugnisse wurden so ausgesucht, daß sie möglichst viele Bereiche des alltäglichen wie des geistesgeschichtlichen Lebens Königsbergs berühren und so ein breites Spektrum darbieten. Daß auf diese Weise ein eher zusammengewürfeltes Mosaik zustande kam, war nicht zu vermeiden, lag sogar in der Absicht der Sache. Es ist aber ein wahrheitsgetreues Bild, das neben reichen Informationen die eigenartige, für auswärtige Kulturkreise zum Teil fremd anmutende Kultur- und Geistesverfassung der ostpreußischen Provinzhauptstadt fühlbar widerspiegelt. In diesem Sinn wurden gezielt Texte abgedruckt, die vielleicht weniger bekannt, aber doch von überdurchschnittlichem Wert sind, so daß sie gegebenenfalls eine Neuentdeckung vorstellen. Den meisten ist trotz der stark unterschiedlichen Inhalte die für Königsberg so eigentümliche Einheit der Sprache und des Tons gemeinsam. Es ist dies ein Ausdruck, der niemals das Bedürfnis anmeldet, die literarische Eleganz und Erhabenheit Goethescher Prosa oder die lyrische Verklärung Jean Paulscher Traumvisionen und Naturgemälde zu erreichen, sondern eher mit nüchtern-trockener, beinahe protokollarisch-pedantischer Sachlichkeit, mitunter auch mit stilistischer

Unbeholfenheit Fakten, Überlegungen und Erkenntnisse voller Besonnenheit mitteilt. Kein Königsberger der Aufklärung hat übrigens jemals eine literaturhistorisch wertvolle Prosa hinterlassen; der einzige, der eine solche verwirklichte, E. T. A. Hoffmann, erlangte dies erst in der Fremde! Ein Hauptzug dieser etwas herben Sprache ist der deutlich hörbare Unterhaltungsakzent. Mehr als anderswo fühlten sich die Gebildeten und Gelehrten in Königsberg aus ihrem kollektiven Gefühl insularer Abgeschiedenheit heraus zur Kategorie des geistigen Gesellschaftsspiels hingezogen, das im regelmäßigen Gedankenaustausch innerhalb unterschiedlicher Freundschafts- oder Bekanntenkonstellationen eine gegenseitige Erweiterung und Bereicherung des geistigen Horizonts vermittelte. Von daher stammen so manche kurios anmutenden gemeinsamen Überzeugungen und Reflexionen, die man anderwärts nirgends angetroffen hat. Hippel hat in dieser geistigen Kollektivbetätigung sogar ein Element neuer Romanschreibung entdeckt. In den Salons der gehobenen Gesellschaften wie auch in seinen beruflichen Beschäftigungen machte er es sich zur festen Gewohnheit, das ihm wichtig Erscheinende heimlich mitzunotieren, um es später womöglich schriftstellerisch zu verwerten, und nicht ohne Sarkasmus hat dieser große Menschenkenner über diesem Bestreben häufig die Haltung eines Advocatus Diaboli eingenommen.

Chronologisch gesehen der Jüngste der Gestaltengalerie ist Ludwig von Baczko. Er war der Typ des ostpreußischen Lokalforschers: vielseitig, unermüdlich, aufrecht. Seine Sprache wirkt nüchtern, beinahe bieder. Was er sagt, scheint immer richtig und deckt sich mit den Zeugnissen und Ausführungen anderer Zeitgenossen, wobei die persönlichen Stellungnahmen eine Note rührenden Lokalstolzes tragen – ein in jeder Hinsicht zuverlässiger Mann. In den vorliegenden

Texten macht er den Fremdenführer. Beeindruckend ist die ausgeprägt praktische Ausrichtung seiner Mitteilungen. In ganz modernem Sinn weist er den Zureisenden auf eventuelle behördliche Schwierigkeiten und Schikanen hin, und zur Orientierung empfiehlt er den ausführlichen örtlichen Adreßkalender. Sogar die Existenz so mancher Bordelle wird in diesem Zusammenhang nicht verschwiegen. Interessant wirkt auch seine Warnung vor den engen Ortsstraßen und den sich daraus ergebenden Verkehrsgefahren. Und peinlich genau sind des weiteren die Angaben bezüglich des regulären Postwagendiensts, welche, wie auch die Beschreibung der ausgedehnten flachen ländlichen Umgebung, die Inselstellung der Provinzhauptstadt direkt fühlbar machen. Sein lokalpatriotischer Hinweis auf die Juditter Kirche (in der Gottsched getauft worden war) mit deren Marienbild verrät den Anhänger der katholischen Minderheit, der sich wegen seines Glaubens zeitlebens gesellschaftlich zurückgesetzt fühlte.

Eine anschauliche Ergänzung auf gehobenem literarischen Niveau mit offensichtlich intellektueller Zielsetzung liefern zu diesen Nachrichten im Abriß die beiden von der Gattung her sehr verschiedenen Zeugnisse Johann Gotthelf Lindners. Dieser außerordentlich gebildete Gelehrte und sensible Beobachter regionaler Verhältnisse war der geborene Professor und Pädagoge. Wenn sein elegantes und äußerst reichhaltiges *Sendschreiben* an einen Freund gerichtet ist, mit dem er wie Hamann von Jugend auf in Königsberg vertraut war, so verrät doch bereits die Höflichkeitsanrede, daß er über diesen Umstand hinaus in Form eines Literaturbriefs ein informatorisches Zeitbild schaffen wollte, das der Adressat im Korrespondenzpaket der Nachwelt aufbewahren sollte. In Ton, Wortlaut und Inhalt erfolgen die Angaben über den etwas mageren Zustand der Königsberger Gesellschafts- und Geistesatmosphäre übereinstimmend mit der knapp wenige

Monate zuvor herausgegebenen kulturellen Wochenschrift *Daphne*, deren treibende Kräfte während anderthalb Jahren neben Hamann, Lauson und Wolson die beiden begeisterten Jungaufklärer Linder und Berens gewesen waren. Unmißverständlich ist das Bedauern des Briefschreibers, auf der abgelegenen Stadtinsel von der Beweglichkeit, der Kultur, der Pracht und dem Geist der großen Welt hoffnungslos abgeschnitten und dazu verurteilt zu sein, aus den wenig ermutigenden Gegebenheiten das Bestmögliche zu machen. Dies erklärt auch das den Königsbergern eigene überstarke Bedürfnis nach treuen Freundschaften, an die sich alle im Ort Verwurzelten buchstäblich klammerten, um das Dasein erträglicher zu gestalten. Derselbe Zug kennzeichnete bereits über ein Jahrhundert früher das Fühlen und Denken der Mitglieder der „Kürbishütte".

Gründliches wissenschaftliches Wissen, pädagogische Gewandtheit, freundschaftliches Taktgefühl und das Bewußtsein, ins kulturelle Abseits verwiesen zu sein, vermittelt gleichfalls die aus literaturgeschichtlicher Sicht interessante *Vorrede zu den Schicksalen der deutschen Poesie und ihrem heutigen Geschmacke*, die Lindner auf Bitten seines seelenverwandten Freunds J. Fr. Lauson als Vorwort zu dessen *Zweytem Versuch in Gedichten* (1754, hrsg. von Joh. Friedrich Driest in Königsberg) verfaßte. In leicht überschaubaren, für jeden zugänglichen Abschnitten wird hier auf fünfzehn Seiten eine Bestandsaufnahme der deutschen Literatur aus der Sicht eines kritischen, aber objektiv urteilenden Fachmanns um 1750 geliefert, eine echte philosophische Literaturgeschichte in Kleinausgabe von den Ursprüngen bis zur Gegenwart. Ehrlich werden die angelesenen Quellen mitgeteilt, bescheiden die persönlichen Kenntnisse zu einsichtigen Bewertungen, Abgrenzungen und Ausblicken genutzt, mit abgeklärter Ausgewogenheit und Vorsicht die wichtigsten

Epochen und Stile ergründet. Nicht ein einziges Mal fällt ein verletzendes Wort der Verachtung. Dazu bestätigt der Verfasser seine erstaunliche Kenntnis und Bewunderung der französischen Literatur, die er als Neunzehnjähriger mit seinen Mitarbeitern schon in der *Daphne* bezeugte. Wie Hamann – die gegenseitige Beeinflussung scheint diesbezüglich offenbar – versucht er das vielfach verflochtene Phänomen der Kunst von ihren Ursprungsformen aus zu sehen, indem er darin ein Urbedürfnis der menschlichen Gattung erkennt, das eben von daher in die Natur gehöre und sogar in ihren vollkommensten künstlerischen Formen bei ihr verbleiben müsse. Insbesondere die innere Verwandtschaft zwischen Musik und Poesie scheint ihm – wie ebenfalls für Hamann – wesentlich zu sein. Und obschon er freimütig gesteht, daß der ostpreußische Raum in Sachen Literatur nie über eine unscheinbare Rolle hinausgekommen sei, tut er doch einen Augenblick dem Lokalpatriotismus Genüge, um nicht ohne Rührung auf die Bedeutung Simon Dachs und dessen Dichterkreis hinzuweisen, wohl wissend, daß der zu fördernde Lauson sich in dessen Tradition versteht. In freundschaftlicher Aufopferung, doch nicht ohne leichte Ironie, reproduziert er diesem zuliebe das von ihm bereits in der *Daphne*, wo er alle Mitarbeiter unter anmutigen Decknamen vorgestellt hatte, aus seiner Feder stammende Dichterporträt. Lauson wird gewandt als ein fleißiger, mit flüssiger Improvisationskraft begabter Neophyt empfohlen. Aber der allzu schnell und oberflächlich Arbeitende muß sich noch gehörig verbessern, um zum vollwertigen Dichter zu werden, und jeder versteht die aufrichtige, aber zugleich reservierte Gesinnung des Einsatzes, ohne gegen den jungen Dichter eingenommen zu werden. Man begreift den lebenslangen Erfolg, den die Persönlichkeit des Schulmanns und Wissenschaftlers Lindner inmitten seiner Berufskollegen genoß!

Johann Friedrich Lauson war mit fast allen schriftstellerisch Tätigen in Königsberg bekannt. Für Lindner, Hamann und Hippel wurde er sogar zu einem überaus geschätzten, treuen Freund. Aber er verkörperte einen ganz eigenen, ebenfalls für Königsberger Verhältnisse bezeichnenden Charaktertyp, dessen Züge wir teilweise bei Hamann, beim Buchhändler J. J. Kanter und dessen zeitweiligen Verlagsalumnen Hinz und Penzel sowie bei Christian Hill wiederfinden. Obschon er durch seine Jovialität wie kaum ein anderer inmitten sämtlicher Gesellschaftsschichten verwurzelt war, blieb er paradoxerweise zeitlebens ein Sonderling. Aus ärmsten Verhältnissen stammend, erarbeitete sich der unstete Geist unter schwierigsten Bedingungen autodidaktisch eine untergeordnete, vorwiegend der Schule und der Literatur verpflichtete Beamtenposition, die ihn zu allen möglichen Betätigungen führte, ohne daß es ihn jemals in einer festen Stellung hielt. Als eingefleischter Hagestolz und Bohemien umgab er sich in seiner verwahrlosten Wohnung in krankhaftem Sammlergeist mit einer für damalige Verhältnisse einmaligen Privatbibliothek von rund 8000 Bänden und Manuskripten und hinterließ bei seinem Ableben einen beträchtlichen Schuldenberg. Man schätzte seine Geselligkeit und Hilfsbereitschaft, sein Improvisationstalent – seine einzige echte Begabung! –, mißtraute jedoch seiner weltfremden Sorglosigkeit, seiner Geschwätzigkeit und seiner beschränkten Intelligenz, die in seinen wissenschaftlich gewollten Betätigungen häufig zutage trat. So schrieb und reimte er mit spielender Leichtigkeit zahllose seichte Gedichte jeder Art, die ihn bezüglich Lokal-, Hochzeits- und Totenfeiern zum Gelegenheitsdichter und Stegreifpoeten auf Bestellung werden ließen. Aber er wurde nie ein wirklicher Könner, und auch seine mannigfache Prosa blieb trotz größter Anstrengung, von wenigen Ausnahmen abgesehen, belanglos. Sein umfangreicher *Erster und Zweyter Versuch in Gedichten* (1753 f.) enthält kein halbes Dutzend annehmbarer Lieder. Einige überlebten durch einen gewissen dokumentarischen Wert, der seit dem Untergang Königsbergs an Bedeutung gewonnen hat. Kein Wunder, daß Lauson weder in die Tischrunde Kants noch in die „Dreikronenloge", geschweige in einen weltlichen Gesellschaftskreis der Stadt einbezogen wurde. Wenn der völlig andersgeartete Hippel, der scharfgeistige Hamann und der gewissenhafte Lindner ihm dennoch ihre tiefe Sympathie bewahrten, so vor allem, weil sein Streben nach aufrichtiger Freundschaft ihrer eigenen Verfassung entsprach und alle drei wie er selbst vordergründig um die Ergründung des Todesproblems bemüht waren, das er in ihnen als der Ältere wie eine Art Mentor als ein Hauptthema ihrer philosophischen Beschäftigungen zur Entfaltung brachte.

Letzteres kennzeichnet auch seinen einzigen literaturhistorisch bedeutenden Prosatext, die Gedenkrede auf Simon Dach. Der junge Dichter hielt sie am 18. April 1759 mit Erfolg anläßlich des hundertsten Todestags des bis dahin namhaftesten geistigen Sohns Königsbergs in der Kneiphöfischen Domschule. Trotz ihrer schwülstig-antikisierenden Metaphernsprache, die gewollt an den in Königsberg längst vergangenen Ton der dichterischen Barockvorfahren anknüpft, bewahrte der Verfasser – diesmal Biograph, Literatur- und Kulturhistoriker in einer Person – durch diese Arbeit bis heute seinen Platz in der Dach-Forschung. Seinen Ausführungen verdanken wir einen wesentlichen Teil der Dachschen Lebensgeschichte, und die Proben aus dem lyrischen Schaffen des Dichters vermitteln von diesem ein anschauliches Bild. Deutlich vergleicht Lauson das mühselige Lebensschicksal des verehrten Vorbilds mit dem eigenen, indem er erläutert, wie sehr in einer Zeit des Hungers und der politischen Unsicherheit ein kranker, mittelloser Schulmann auf einer geographischen Kulturinsel ausschließlich zum Lokalpatriotismus sowie zum Besingen banaler Alltäglichkeiten des eigenen Kulturkreises verurteilt ist. Wie Dach glaubt er, an „Kunst“, wenn auch nicht an „Gut und Stande groß und reich“ zu sein. Er teilt weitgehend dessen Ansichten vom Dichterberuf, u.a., daß es ohne das Studium der Alten weder poetischen Geschmack noch echte dichterische Reife geben könne. Auch müsse ein Dichter als Verteidiger moralischer Prinzipien sich an die Wahrheit halten und für die Reinheit der Sitten einsetzen. Richtig erfaßt er das teils fragwürdige Wesen der undankbaren Gelegenheitsdichtung: des Landschafts-, Hochzeits-, Familien-, Freundschafts-, Grabes- und Nachrufgedichts, bei deren Entstehung das Bedürfnis nach Echtheit, Qualität und menschlicher Wärme oft schwer mit der Schablone der Mode und des jeweiligen Formzwangs zu kämpfen habe. Und wie der ihnen wesensverwandte Schöpfer des lokalen religiösen Lieds richtet er in geduldiger Gottergebung den Blick aufs Jenseits und preist als höchstes persönliches Gut auf Erden das Gefühl echter Freundschaften. Wie seine ortsansässigen Freunde zog er damit die Grenzen lokaler dichterischer Entfaltung. Sein pessimistisches Kultur- und Daseinsgefühl übertrug sich maßgeblich auf Hamann, Hippel und Zacharias Werner. Bei letzteren führte es, wie gesagt, zu einer systematischen hypochondrischen Todesergründung, die bis auf den heutigen Tag beispiellos blieb. Mit einer gewissen Berechtigung darf man behaupten, daß durch die Vermittlung Lausons die Todespoesie im neueren deutschen Roman bzw. Drama von Königsberg aus ihren Anfang nahm.

Ganz anders wirken dagegen die Person und die Schriften Johann George Scheffners. Während die ältere Literaturgeschichte von ihm ein äußerst positives Bild zeichnete, entlarvte die neuere Forschung diesen eitlen, vom Glück stets begünstigten Neuaristokraten als einen trocken-eigennützigen Schönredner, der, ohne eigentlich jemals selbst etwas Wertvolles zu leisten, als einziger Königsberger von Namen in all seinen Handlungen seine Persönlichkeit gezielt in den Vordergrund zu rücken wußte mit dem Hintergedanken, als intellektuelle „Nebensonne" der wahrhaft Großen seiner Zeit in die Geschichte einzugehen. Er liebte Königsberg nicht, verbrachte kaum ein Fünftel seines Lebens in der Stadt und kam doch immer wieder dahin zurück. Sein dreißigjähriges Intimverhältnis zu dem ihm grenzenlos vertrauenden Hippel ging durch seinen engherzigen Neid und seine sensationslüsterne Geschwätzigkeit in die Brüche. Seine laue Logentätigkeit diente der Verknüpfung vielseitiger lukrativer Bekanntschaften innerhalb der höheren Sphären. Seine jahrzehntelange Anbiederung an den Verleger Lagarde bezweckte eine Übertrumpfung der Bodeschen Montaigne-Übersetzung. Seine breitspurig gespielte Anhängerschaft der Erkenntnisphilosophie Kants gegenüber Herder und Hamann erschöpfte sich – was letztere übrigens alle drei errieten und deshalb einer literarischen Zusammenarbeit mit ihm auswichen – in mündlichen Bekenntnissen, und seine im Alter dem preußischen Königshaus und den politischen Reformern Hardenberg, Auerswald, Stein und Kraus mit viel Aufwand zugetragenen pädagogischen und sozialen Reformprojekte entsprachen in keiner Weise den dürftigen und eindeutig dem finanziellen und gesellschaftlichen Vorteil verpflichteten „Hand- und Spanndiensten" – so sein Biograph A. Plehwe – auf seinen Gütern. Kurzum: er sprach öffentlich anders, als er insgeheim fühlte und dachte und in der Praxis handelte! Kein einziges nennenswertes wissenschaftliches Werk dieses reinen Gesinnungsaufklärers ging auf die Nachwelt über. Er verfaßte – wohlweislich anonym – im wesentlichen massenweise grobe, seichte Erotika, die seiner tatsächlichen Geringschätzung des Weibes entsprachen und somit in keiner Hinsicht mit seinen öffentlich geäußerten Dithyramben der Eheeinrichtung übereinstimmten. Sie deuten letzten Endes auf eigene sexuelle Probleme hin. Und in seiner Autobiographie tut er nichts anderes, als in gestelzter Egozentrizität und falscher Bescheidenheit die Wichtigkeit der eigenen Person zu beleuchten.

Die in der vorliegenden Ausgabe abgedruckten Zeilen spiegeln trotz ihrer Kürze letztere Züge wider. Scheffner schreibt zwar klar und sachlich, aber sprunghaft und oberflächlich, und letzten Endes banal in selbstgefälliger Leichtigkeit. Es geht ihm wie gesagt darum, sich als der tägliche Vertraute der namhaften Ortspersönlichkeiten hinzustellen und obendrein Zeugnis seiner weitgefächerten Belesenheit zu geben. Kant, dem größten Königsberger, sind ganze fünf nichtssagende Zeilen gewidmet, wohl, weil da zu eigenem Ruhm nichts mehr zu holen war. Wenn dagegen Hamann die Ehre zweier ganzer Seiten zuteil wird, so, weil rund vierzig Jahre nach des „Magus" Tod vorübergehend das Interesse an dem ungerechterweise Vergessenen wiedererwacht war, als dessen bevorzugter Freund der Kriegsrat sich ausgibt, während er ihn in Wirklichkeit als Halbvagabunden und sozial und wissenschaftlich Untergeordneten verachtete. Spätestens in seinen Überlegungen zum Eheproblem verrät der Verfasser seine Unaufrichtigkeit. Er, der sich einerseits einer äußerst liebenswürdigen, praktisch veranlagten Frau erfreuen durfte, andererseits die noblen Ansichten zur Frauenemanzipation seines Freundes Hippel nicht billigte und diesem den literarischen Erfolg diesbezüglicher Schriften nie recht gönnte, urteilt eindeutig aus der Perspektive des egoistischen männlichen Nutznießers. Während er scheinbar die abgeklärte Souveränität Montaignescher Lebenseinstellung teilt, ist er im Grunde genommen nur auf seine eigene Ruhe und Bequemlichkeit als Eheherr bedacht, ohne sich darüber zu sorgen, ob die Partnerin als Rippe des Mannes sich mit einer solchen Rolle „glücklichen Ehelebens“ begnügen mag. Auch dieser Text, der sich einen philosophischen Anstrich gibt, belegt, daß Scheffner alles in allem recht wenig Tiefsinniges zu sagen hat. Er ist nicht wesentlich verschieden von den übrigen vielen Seiten der umfangreichen zweibändigen Selbstbiographie, und ähnlich lesen sich auch die erhaltenen Briefe seiner fünfbändigen Korrespondenz, die heute lediglich dokumentarisch verwertbar sind.

Um so mehr überrascht die Tatsache, daß der ansonsten auf Distanz bedachte, durchschlagskräftige und im gesellschaftlichen, beruflichen und literarischen Leben so erfolgreiche Theodor Gottlieb von Hippel diesem Manne dreißig Jahre lang seine Seele öffnete, ohne sich jemals richtig einzugestehen, daß dieser ihn mehr oder weniger zu eigenem Vorteil aushorchte. Hippel muß im Königsberg des ausgehenden Jahrhunderts als das große lokalpolitische Pendant zum Albertina-Philosophen Kant gesehen werden. Die beiden verstanden sich übrigens ausgezeichnet und respektierten sich sehr, auch wenn keiner die Schriften des anderen besonders schätzte, und in der Öffentlichkeit, vor allem in den mondänen Salons, waren sie die Hauptattraktion. Mit seiner überdurchschnittlichen, penetranten Intelligenz, seiner ungestümen Arbeitskraft und seinem pragmatischen Sinn schwang sich der ehrgeizige Hippel in wenigen Jahren zum ersten Bürger der ostpreußischen Provinzhauptstadt auf, in deren Mauern er als angesehener, wenn auch gefürchteter, da hart durchgreifender Vertreter des Königs das Regiment sicher führte und großartige Neuerungen bewirkte. Daß er ein Leben mit zwei Gesichtern führte, wußten nur ganz wenige, auch wenn manche es vermuteten. Denn in seinem Innern blieb er ein tiefgrüblerischer, von Todesängsten und metaphysischen Zweifeln verfolgter Gottsucher. Hinzu kamen sentimentale Enttäuschungen seit jungen Jahren, der lebenslange Komplex niedriger Herkunft, eine uneingestandene Scheu vor Frauen. Die private Einsamkeit als Hagestolz bestimmte ihn zu den kühnsten dichterischen Spekulationen. Seine stets anonym veröffentlichten Dichtungen wurden für ihn zu einem lebenslangen Experimentierfeld, auf dem der Wahrheitsergründer mit unumschränkter Souveränität nach neuen Erkenntnissen und Zusammenhängen rang. Dies erklärt die Mannigfaltigkeit der Hippelschen Schriften sowie ihre oft verwirrende Form. Der faszinierende Redner der Königsberger Szene war auch auf dem Papier ein unerschöpflicher Erfinder! Unter den zahllosen, in die Zukunft blickenden Humoristen der zweiten Hälfte des 18. Jahrhunderts ist Hippel derjenige, der die merkwürdigsten und kühnsten Erzählstrukturen ersann. Jean Paul wurde durch sie beeinflußt und leitete sie, ohne daß man es heute noch weiß, weiter bis in den Kunstausdruck der jüngsten Moderne. Mitunter drangen sie, so in den *Kreuz- und Querzügen*, bis zur Auflösung der Syntax und des herkömmlichen Satzbaus vor. Aber sie sind nie selbstbefriedigende Spielerei, sondern bezwecken vom zerstückelten Material des alten Weltbewußtseins aus die Rekonstruktion eines neuen Weltbildes. Das Vorwort und das jenes abschließende Nachwort der Abhandlung *Über die Ehe* – beide umgreifen gleichsam das eigentliche Werk! – sind in diesem Sinn ein wahres philosophisch-literarisches Lebensprogramm. Geschickt verbindet der Dichter darin die Formsymbolik mit einem der brennendsten Themen der Zeit. Dieses war, wie Königsberger Briefwechsel belegen, in den aufklärerisch gesinnten Zirkeln ein beliebtes Gesellschaftsgespräch, in dem der provokationsfreudige Hippel gegenüber den Freunden Kant, Hamann, Lindner und Scheffner eine oft gegenteilige und meist avantgardistische Position bezog, die in seinen Abhandlungen ihren vollen Niederschlag fand und die anonym veröffentlichten Werke vorübergehend in ganz Deutschland zu Bestsellern machte. Hippel scheint übrigens auch Kants und Hamanns diesbezügliche Einstellungen teils mitbestimmt oder sogar verändert zu haben. Die Mitglieder des Königsberger Kreises – den bevorzugten Vertrauten Scheffner ausgenommen – kannten den Namen des Verfassers Hippel nicht; aber zumindest Kant und Hamann errieten ihn, und das seiltänzerische Versteckspiel, welches das persönlichkeitsstarke Chamäleon mit ihnen rund dreißig Jahre lang anstellte – und auch das ist literaturgeschichtlich ein Novum! –, hat die geistige Atmosphäre in dem sonst eher verschlafenen Ort in entscheidendem Maße bereichert.

Wie sehr Kant selbst sich seiner intellektuellen Umgebung, wenn sie ihm zusagte, anzupassen wußte, zeigt die Einsicht in Textauszüge wie etwa diejenigen aus der frühen Abhandlung *Beobachtungen über das Gefühl des Schönen und Erhabenen* und der *Kritik der reinen Vernunft*. In der ersten Schrift, die kein direkt erkenntnistheoretisches Problem anschneidet, versteht der ansonsten oft kompliziert schreibende Denker durchaus, sich in klarem, ja streckenweise elegantem Deutsch auszudrücken, wobei er sich deutlich jenem Tone verständnisvoller, freundschaftlicher Unterhaltung nähert, den wir bei seinen Ortsfreunden festgestellt haben. Man hört geradezu heraus, daß die Fragenkomplexe bezüglich des „schönen und edlen Geschlechts" und der Eigenarten der großen Kulturvölker zu den regelmäßigen Diskussionsstoffen der Königsberger Gesellschaftssphäre gehörten. Zahlreiche Überlegungen decken sich mit denjenigen Hippels, und sicherlich haben sich beide in dieser besonderen Angelegenheit, da die Sache sie bis an ihr Lebensende beschäftigte, wechselseitig beeinflußt. Andererseits urteilen sie noch unüberhörbar aus der nicht ganz vorurteilsfreien Perspektive des in Frauenangelegenheiten teils unerfahrenen Hagestolzes. Grundsätzlich verharrt insbesondere Kant in der allgemein konservativen Überzeugung der Zeit, daß die Frauen „nicht mehr zu kennen nötig haben, als nötig ist". Aber bei Hippel spürt man doch schon, daß er auf Veränderungen hindenkt. Er wird sich dann auch als einziger Königsberger, und man kann sagen, als einziger Deutscher des ausgehenden Jahrhunderts, in der Folge in der Frauenfrage als wahrer Aufklärer erweisen, indem er, sich entschieden gegen Kant, Hamann, Scheffner und Lauson abhebend, der Frau weit mehr zutraut und mutig in die Zukunft zu blicken wagt, um jene Wege anzuzeigen, die erst in unserer Zeit zu einer durchgereiften Emanzipation und Gleichstellung des weiblichen Geschlechts geführt haben. Die *Beobachtungen* verdeutlichen dann auch weiter, daß selbst ein übermächtiger Geist mitunter in konkreter liegenden Dingen beträchtlich irren kann. Sie bestätigen, wie sehr, trotz der eingangs angeführten gegenteiligen Behauptung aus der viel später erschienenen *Anthropologie*, auch Kant das Handikap der räumlichen Isolation und seines lebenslänglichen Verzichts auf größeres Reisen nicht überwand. Kant ist nämlich keineswegs gefeit gegen Fehlurteile, Über- und Untertreibungen oder gar Selbsttäuschungen. So manche Überlegungen stimmen ganz einfach nicht und bewirken besonders aus heutiger Sicht ein gewisses Schmunzeln. Sie beruhen weitgehend auf angelesenem Wissen, verraten einen krassen Mangel an direkter Information und Erfahrung und beschränken sich im Endeffekt auf Pauschalurteile. Aber überall leuchtet neben der Bestimmtheit des Ausdrucks die angeborene Höflichkeit und Dezenz durch, die dem großen Mann auch im praktischen Umgang eigen war.

So eigenwillig-faszinierend, wie Johann Georg Hamanns Reaktion auf die Erkenntnisphilosophie Kants sich ausnahm, war im großen ganzen auch dessen Persönlichkeit innerhalb der geistigen Gesellschaftssphäre Königsbergs. Dieser geniale Stadt-Bohemien, der wie kein anderer tiefe Freundschaften aufzubauen suchte, blieb als Bürger und als Denker ein Einzelgänger. Bereits seine Sprache grenzt sich kompromißlos gegen diejenige der schriftstellernden Ortskollegen ab. Um so mehr ist die metaphernüberladene, sibyllinische Gedankenwelt dieses tiefgrüblerischen Wahrheitssuchers, die ihm mit Recht den Titel eines „Magus" einbrachte, mit den anderen, in der Regel recht „unmagischen" Königsberger Geistesproduktionen völlig unvergleichbar. Wenn er in seiner Korrespondenz wie auch in seinen ausgesprochen philosophischen Auseinandersetzungen noch teilweise den Ausdruck seiner schriftstellernden Mitbürger teilt, hebt sich seine Sprache, wenn es um die Ergründung göttlicher Wahrheiten geht, entschieden ab. Ohne ein wirklicher Lyriker zu sein, steigt Hamanns seherisch-ekstatische, an der Luther-Bibel geschulte Interpretation des göttlichen Urgeheimnisses ins Hochpoetische, während andererseits seine ungemein geistreiche, satirische Aggressivität mit seltener Verbissenheit die Haltlosigkeit des zeitgenössischen Rationalismus zu beweisen versucht. Eigentlich gab es für den scharfsinnigen Zergliederer keine wichtigere Macht als diejenige der Verstandes- und Vernunftskräfte, mit deren Hilfe er untersuchen, unterscheiden, ergründen und begreifen konnte; aber von der pietistischen Erziehung und von seinem schwerblütigen christlich-germanischen Temperament her mißtraute er denselben Erkenntnisorganen, die der aufklärerische Rationalismus in selbstherrlicher Intoleranz für sich beschlagnahmt hatte. Sein eigener Rationalismus verband sich mit einem religiösen, beinahe mystisch-visionär gefärbten Irrationalismus, der das unauslöschliche Bedürfnis empfand, hinter allen Gegebenheiten des Daseins die unfaßbare Allmacht des Göttlichen zu ahnen. In der Seele des einzelnen Individuums sah

Hamann das einzig wahre Empfangsorgan göttlicher Offenbarungen. Aus diesem Grunde witterte er hinter den meisten Strömungen der zeitgenössischen Aufklärung, die vielerorts die Grundwerte des überlieferten Christentums in Frage stellten, eine tödliche Bedrohung des alten Gottglaubens, an den er sich krampfhaft anklammerte. Und muß man schon eingestehen, daß seiner verschnörkelten, ungestümen Argumentation gegenüber Kant – der übrigens keinen Verteidigungsversuch unternahm, obschon der Vorwurf ihn insgeheim wurmte! – nur schwer zu begegnen war. Hamanns Gegnerschaft zu Kants Vernunftbegriff und mithin zu dessen Metaphysik bewirkte, daß beide Denker aus ihrer jeweiligen Grundsatzposition heraus philosophisch niemals zueinander finden konnten, da die Vernunft letzten Endes für Hamann „keine in ihrer Reinheit verfügbare Instanz", sondern immer nur „unterwegs zu sich selbst" ist. Das Großartige blieb, daß der „Königsberger Kreis" gerade in dieser Auseinandersetzung seine verbindende Rolle voll ausspielte und bis zum Schluß ein freundschaftliches, allen Gliedern zugute kommendes Zusammenleben bewahrte.

Die Königsberger Autoren um Kant bildeten einen losen Zirkel. Es kam ihnen nie in den Sinn, nach dem Muster der vorangegangenen „Kürbishütte" Dachs und Alberts eine geschlossene Gruppe auszumachen, geschweige als „Schule" mit einem bestimmten Programm aufzutreten. Es gab keinen gezielten Zusammenschluß, keinen festen Zusammenhalt, keine einheitliche Linie. Vielmehr lebten sie als ausgeprägte Individualisten in lediglich demselben Inselhaus. Kant, den sie als Denker bewunderten und als Menschen hochschätzten, war zwar als Persönlichkeit ein Magnet, aber er wurde weder literarisch noch philosophisch ihr Zentrum. Es ist dies wohl die bemerkenswerteste lokale Eigentümlichkeit, da man sich meist, besonders wenn man zudem an einem isolierten Ort zum Zusammenleben verurteilt ist, der Ausstrahlung eines einzelnen überragenden Kopfes sowohl individuell als auch kollektiv kaum zu entziehen vermag. Sie behandelten völlig andere Arbeitsgebiete, und das hemmte weder sie selbst, noch störte es ihn. Sogar Kants Bewertung der Stadt Königsberg im Vorwort zur *Anthropologie* unterscheidet sich von dem Lebensgefühl, das *sie* in der Provinzhauptstadt empfanden. Auch betrieben sie das Schriftstellertum als Zeitvertreib, nicht als Beruf wie Kant, und auch das störte weder sie noch ihn. Ihr Ziel war es, ihr Wissen zu bereichern, um so das Dasein angenehmer zu gestalten, der Mit- und Nachwelt Mitteilungen und Zeugnisse zu hinterlassen und die durch Raum und Zeit von ihnen abgetrennte Außenwelt zu erreichen, ohne pedantisch zu belehren. Gemeinsam war ihnen allen die nüchterne Einstellung zum Leben und zu dem Orte, an dem sie wirkten, sowie das Bedürfnis, im Zeitalter der Aufklärung trotz des im wesentlichen konservativ-pietistischen Erbes nach vorn zu blicken. Aber sie wußten genau um ihre Grenzen und waren im Gegensatz zu anderen geistigen Zentren in Europa gemäß dem örtlichen Temperament keine Streithähne. Es gab keine Selbstzerfleischung. Königsberger streiten nicht! Zu sehr lagen ihnen Seelenruhe und Freundschaft am Herzen. So blieben sie gemäßigte Aufklärer. Selbst Hamanns durchaus aggressive Polemik gegenüber Kants Erkenntnisphilosophie – letzterer liebte gleichfalls nicht das sterile Streiten in der Öffentlichkeit! – färbte nur unmerklich auf die persönlichen Beziehungen ab. Alles in allem eine durchaus sachlich friedliche, freundschaftliche Koexistenz! Jeder suchte auf seine Weise nach der ihm zugänglichen Wahrheit. Verschiedene brachten in diesem Bestreben durchaus Wertvolles zustande.

In der heutigen Zeit, in der die Gegensätze vielfach zu extremen Ausartungen führen, könnte man immer noch von diesen Königsbergern lernen. Kant, der Überragende, scheint solches geahnt zu haben. Ohne seine überbegabte Persönlichkeit in den Vordergrund zu rücken, förderte er durch eine delikate Zurückhaltung das geistige Wirken der andersbegabten Freunde, wohl erfassend, daß damit im Interesse der Allgemeinheit Verdienstvolles geleistet werde, was seiner Heimat und der gesamten deutschen Geistesgeschichte womöglich neue Schätze zutragen konnte.

Joseph Kohnen

Inhalt